HUILE D'OLIVE

le guide du connaisseur

Judy Ridgway

HUILE D'OLIVE
VIERGE DE MIRABEL
A consommer de préférence avant fin
Jan Avril Juil Oct 92 93 94 95
1 L.
Fabrication Artisanale
extraite par 1ère pression à froid
LE VIEUX MOULIN
Alain FARNOUX - Tél. 75 27 12 02
Mirabel - 26110 NYONS

HUILE D'OLIVE

le guide du connaisseur

Judy Ridgway

MODUS VIVENDI

Paru sous le titre original de :
The Olive Oil Companion

Publié par :
LES PUBLICATIONS MODUS VIVENDI INC.
3859, autoroute des Laurentides
Laval (Québec)
Canada H7L 3H7

Traduction : Marie-Line Hillairet et Anne Blot
Design de la couverture : Marc Alain

Dépôt légal, 4e trimestre 2002
Bibliothèque nationale du Québec
ISBN : 2-89523-127-3

Sommaire

~~~~~~~~~

Remerciements de l'auteur

Je souhaite remercier les nombreux importateurs et producteurs qui m'ont fourni de nombreux échantillons d'huile à déguster. Je n'aurais pu écrire ce livre sans leur aide. Je voudrais aussi remercier Anna Briffa, mon éditrice, qui a coordonné les livraisons et m'a facilité la tâche de mille manières.
~~~~~~~~~

L'HISTOIRE DE L'HUILE D'OLIVE

1

L'OLIVE À TRAVERS LES ÂGES

Au Moyen-Orient, où l'olivier poussait à l'état sauvage, ses fruits furent récoltés dès l'époque préhistorique. Son histoire est si ancienne que personne ne sait plus qui, le premier, pressa l'olive pour son huile ou bien pensa à lui ôter son amertume et à la conserver dans le sel ou la soude.

L'olivier fut avec la vigne, l'une des premières plantes à être cultivée, tout d'abord en Perse centrale et en Mésopotamie, puis en Égypte, en Phénicie et finalement en Grèce. Au début de notre ère,

Oliveraies espagnoles ; à gauche, Sierra de Segura, et à droite, Jaén.

tous les peuples de l'est du bassin méditerranéen vivaient de la vigne et des olives.

L'olive acquit une signification religieuse et divine grâce à la double vertu de son huile, source de nourriture et de lumière, mais aussi à son onguent adoucissant. Une des plus anciennes allusions à l'olive figure sur un papyrus égyptien datant du XIIe siècle av. J.-C. Dans cette offrande au dieu Râ, le pharaon Ramsès III donne ses vergers d'oliviers situés autour de la ville d'Héliopolis : « De ces arbres, on pourra extraire l'huile la plus pure et la faire brûler éternellement pour éclairer ton sanctuaire. »

La légende rapporte qu'un cèdre, un cyprès et un olivier poussèrent sur la tombe d'Adam, sur les pentes du Mont Tabor. La Bible fait souvent référence à l'olive : Dans la Genèse, c'est une branche d'olivier que la colombe ramena à l'arche pour prouver à Noé que les eaux se retiraient après le déluge. Depuis, le rameau d'olivier est devenu un symbole de paix et de bienveillance.

La mythologie grecque nous relate comment Zeus promit de donner l'Attique au dieu ou à la déesse qui lui offrirait l'invention la plus utile. Pour lui avoir fait cadeau de l'olivier et de son huile, à la fois nourrissante et apaisante, Athéna, déesse de la sagesse et de la paix, fut l'heureuse élue. Elle devint alors la divinité tutélaire d'Athènes, et l'on dit que son olivier fut planté sur l'Acropole. Cette histoire est commémorée sur une frise du Parthénon.

Au cours de leurs pérégrinations, les Grecs introduisirent l'olive en Italie où elle s'établit d'elle-même en peu de temps. Les peuples du nord de l'Afrique eux aussi la cultivèrent ; l'oléiculture s'étendit progressivement le long de la côte, de la Tunisie à l'Espagne et au Portugal, en passant par l'Algérie et le Maroc.

Dans son livre *De Rustica*, l'auteur romain Caton dit que chaque ferme devrait en premier lieu cultiver l'olive. Les Romains expérimentèrent leurs compétences pratiques dans les oliveraies et inventèrent le pressoir à vis pour améliorer l'extraction de l'huile. Ils perfectionnèrent aussi les méthodes de stockage et de distribution.

Ces énormes jarres en terre cuite, ou Orci, comme on les appelle en Italie, étaient utilisées pour stocker l'huile après le pressurage.

C'est aux Romains encore que l'on doit l'expansion des oliveraies : ils implantèrent l'olivier en Italie du Nord, et bientôt toutes les provinces de la péninsule produisirent des olives ou de l'huile. L'olivier gagna jusqu'à la Provence, mais la production demeurait insuffisante eu égard aux besoins de l'empire. Les amphores en terre cuite, d'origine espagnole, exhumées en Italie et frappées du sceau des exportateurs montrent que les producteurs hispaniques surent pallier ce manque, comme ils le font encore aujourd'hui.

Dans le premier manuscrit sur la cuisine, *Reconquindaria*, qui date de plus de deux mille ans, Apicius fait de nombreuses fois référence à l'huile d'olive espagnole.

La chute de l'Empire romain mit fin au commerce de l'huile d'olive; néanmoins, cette culture survécut, comme celle de la vigne, et son importance se réaffirma au Moyen Âge, période marquée par la dominance monastique (l'huile servait à l'éclairage des églises et le vin à l'office religieux).

Au XIIIe siècle, en Italie, les moines de la région des Pouilles se lancèrent dans la culture intensive de l'olive. Ils sont à l'origine de la considérable production actuelle d'huile italienne. La région de Florence, en Toscane, produisait elle aussi de l'huile en quantité importante. Florence devint la plaque tournante d'un grand commerce de l'huile et acquit alors une réputation dont elle ne s'est jamais départie, malgré son faible taux de production actuel.

Venise, rivale de Gênes en matière de commerce, s'équipa de bateaux à fond plat, spécialement adaptés au transport des amphores. Ces navires acheminaient de l'huile provenant du sud de l'Italie vers les provinces plus peuplées du nord. La première « commission de contrôle » jamais consacrée à l'huile d'olive fut instaurée à Venise au XIVe siècle. Les *Visdomini di Tenaria* avaient pour mission de surveiller les importations comme les exportations d'huile, et de réglementer les poids et les mesures ainsi que le commerce de détail.

Le négoce de l'huile était si important pour l'économie du sud de l'Italie qu'au milieu du XVIe siècle, après la conquête de la région par l'Espagne, les vainqueurs construisirent une route reliant les Pouilles à Naples pour assurer un transport rapide de l'huile.

Pendant des siècles, la production d'olives et d'huile resta essentiellement du domaine de la sphère familiale. Dans certaines régions, des coopératives furent créées pour le pressurage ou le traitement des olives, mais les structures de production demeurèrent de taille assez réduite. Avec le développement de l'industrie du raffinage, l'huile d'olive devint une denrée comme une autre.

Chaque région conservait de petites unités de production fournissant la meilleure huile d'olive vierge ou répondant simplement aux besoins locaux, mais de grosses quantités d'olives étaient envoyées à la raffinerie pour donner une huile anonyme qui était ensuite expédiée dans le monde entier.

Ce courant aurait pu se perpétuer ainsi jusqu'à ce que les huiles provenant d'une propriété ou d'une ferme deviennent de simples curiosités témoignant d'un passé révolu. Cependant, à la fin des

Dans tous les pays du pourtour méditerranéen, on assaisonne les légumes froids et les salades avec de l'huile d'olive.

années 1970, en Amérique et ailleurs, des scientifiques prirent conscience des bienfaits nutritifs du régime « méditerranéen » en général et de l'huile d'olive en particulier, ce qui fut par la suite confirmé par la recherche diététique.

Cet égard pour l'huile d'olive garante de bonne santé coïncida avec le regain d'intérêt qui se manifestait pour les aliments naturels produits à petite échelle. En outre, de nombreux grands cuisiniers commencèrent à préférer à la cuisine française classique une approche plus méditerranéenne.

Les olives et leur huile ont toujours intéressé les voyageurs gourmets, mais elles étaient peu connues en dehors de leur pays d'origine ; l'huile d'olive extra-vierge est maintenant appréciée par les amateurs de bonne chère en Europe du Nord et en Amérique.

Cet engouement croissant pour l'huile d'olive a eu pour conséquence un renouveau des huiles de qualité et de la production individuelle, particulièrement en Italie. Cet intérêt ne se manifeste pas uniquement en Europe. Bien qu'une grande quantité de l'huile consommée dans le monde provienne des côtes de la

Méditerranée, les olives sont depuis longtemps produites dans d'autres régions du globe.

Les explorateurs, voyageurs et immigrants du temps jadis emmenaient leurs olives dans leurs bagages ; aussi l'olivier fut-il planté dans maints pays au climat de type méditerranéen. En Californie par exemple, on cultive l'olive depuis un siècle et demi – elle y fut introduite par des moines franciscains originaires d'Espagne. Cette variété d'olives, la « Mission », fut bientôt rejointe, entre 1870 et 1880, par d'autres variétés européennes, et les pressoirs se multiplièrent dans tout l'État.

Les olives en conserve, commercialisées dès le début du XXe siècle, signèrent l'arrêt de mort de l'industrie californienne de l'huile d'olive (leur commerce était plus lucratif que celui de l'huile) ; des huiles européennes moins chères envahirent le marché. De nombreuses oliveraies furent laissées à l'abandon et se tapissèrent d'un enchevêtrement de chênes et de broussailles.

Dans la région de Lindsay, les oliviers, qui n'étaient cultivés que pour protéger les vergers d'agrumes du vent, étaient cependant très prolifiques. Avec l'arrivée de la conserve, l'introduction d'une nouvelle variété d'olives noires et un savoir-faire en matière de salaison, cette région est finalement devenue la plaque tournante de l'industrie californienne de l'olive de table.

Ces dernières années aux États-Unis, le nombre croissant de consommateurs a entraîné une hausse de la production de l'huile californienne. Certains domaines viticoles cultivent les oliviers en sus de la vigne et mettent en bouteille « l'huile de la propriété ».

Des oliveraies furent créées au Mexique et en Argentine par les pères missionnaires ; elles ont atteint l'Australie il y a plus de cent ans. Plus récemment, elles sont apparues en Afrique du Sud et en Nouvelle-Zélande. Il existe maintenant, dans chacun de ces pays, des pionniers de la culture de l'olive qui expérimentent diverses variétés selon les types de sols, ainsi que de nouvelles méthodes de production.

Les olives dans le monde

En botanique, l'olivier cultivé appartient à la famille *Sativa*, qui avec son parent sauvage *oleaster*, est une sous-espèce d'*Olea Europaea*. On le rencontre sous les climats de type méditerranéen, aux étés chauds et secs, et aux hivers doux. Sensible au froid lors de la période de croissance, il requiert cependant des températures voisines de zéro en hiver pour se mettre en sommeil et se reposer.

L'olivier peut supporter des températures glaciales pendant de brefs laps de temps, à condition que le dégel s'opère progressivement. Mais si la température tombe brutalement à -10 °C, comme ce fut le cas en Italie en 1984, les arbres meurent. Ils craignent moins la chaleur et la sécheresse, mais leur production s'en trouve diminuée. En Espagne, la récolte de 1995-1996 se trouva sensiblement réduite à cause d'une longue période de sécheresse.

Dans l'hémisphère nord, le climat méditerranéen recouvre une bande comprise entre les 30e et 45e parallèles ; c'est là que pousse l'olivier. Cependant, il pousse aussi dans l'hémisphère sud, sous les mêmes latitudes, très favorables aussi à la culture de la vigne. Dans ces régions, les oliveraies côtoient souvent les vignobles.

L'olivier, comme la vigne, exige fort peu du sol qui l'accueille : on peut donc le planter dans une terre pauvre et caillouteuse peu favorable à d'autres cultures. Il survit jusqu'à une altitude de

Les oliviers du domaine de Pasolini Dall'Onda, en Toscane, sont plantés dans les vignes.

Les oliviers peuvent pousser sur les terrains les plus arides.

400 mètres. Dans certaines régions montagneuses d'Espagne, à l'inverse des orangers ou de la vigne, seuls les oliviers résistent. Ils aiment aussi les sols riches et bien irrigués, à basse altitude.

L'OLIVIER ET SON FRUIT

Si vous n'avez jamais vu d'olivier, cherchez un arbre à feuillage persistant, aux feuilles vert foncé sur le dessus, avec de légers reflets argentés sur le dessous. C'est cette teinte argent, scintillante dans la brise, qui attira l'attention de Van Gogh. Fasciné, il peignit dix-neuf tableaux figurant des oliviers.

L'olivier pousse lentement : il lui faut quatre ou cinq ans pour donner ses premières olives, et dix ou quinze ans de plus pour atteindre sa pleine maturité. Il vivra ensuite de nombreuses années. Certains arbres deviennent centenaires, d'autres seraient même millénaires (mais il est plus probable que ces très vieux arbres soient issus de jeunes pousses appartenant à un réseau de racines ayant survécu aux ravages du temps ou des intempéries).

Avant maturité, le fruit de l'olivier a la forme d'une poire, et sa couleur verte vire au violet foncé ou au noir quand il mûrit. Si on les laisse sur l'arbre, toutes les olives suivront cette évolution. Les olives de table vertes sont cueillies et traitées avant d'être mûres, les autres restent sur l'arbre et sont ramassées à pleine maturité.

Les olives destinées à être pressées peuvent se cueillir à n'importe quel stade de leur développement ; toutefois, si elles ne sont pas mûres, elles auront un maigre rendement et leur huile sera parfois très amère. On attend donc généralement qu'elles aient atteint leur pleine maturité.

La culture et la récolte

Il existe au moins une cinquantaine de variétés d'olives différentes, dont chacune possède des caractéristiques propres. Certaines olives, comme les Picual espagnoles, sont plutôt oléifères ; d'autres,

Cueillette des olives, à la propriété Frescobaldi, en Toscane (Italie).

dont les Lucquoises françaises, sont de bonnes olives de table. Les olives italiennes Frantoio donnent une huile forte et poivrée, tandis que celle des olives Taggiasca est plus suave.

La plupart des régions d'oléiculture ont chacune leurs variétés particulières d'olives, dont certaines ne poussent pas en dehors de la région. Très souvent l'huile produite provient d'un mélange aléatoire de ces différentes variétés. Certains oléiculteurs avertis traitent leurs olives comme les vignerons traitent leurs vignes. Ils cultivent chaque variété dans des oliveraies distinctes, puis les pressent et mettent l'huile en bouteille séparément. Sinon, il leur arrive de mélanger les huiles pour obtenir le même parfum année après année.

Chaque étape, de la taille au printemps à la floraison, puis à la véraison et à la cueillette vers la fin de l'automne, aura une influence sur la qualité du fruit et sur son rendement. Chaque région dispose d'ailleurs de méthodes traditionnelles qui lui sont propres.

La cueillette est une phase critique du point de vue de la maturité de l'olive. L'oléiculteur, qui cherche à produire la meilleure

Cueillette des olives pour l'huile Nuñez de Prado, en Andalousie.

huile, attend que ses olives soient à parfaite maturité. Si elles restent trop longtemps sur l'arbre, elles risquent d'être trop mûres, de s'oxyder une fois cueillies et de donner une huile de qualité médiocre.

Les olives fraîchement cueillies semblent fermes et robustes, mais elles sont en fait fragiles et doivent être traitées avec le plus grand soin. Dans les oliveraies les plus prospères, on les cueille à la main. Les cueilleurs, juchés sur des échelles, peignent les branches fruitières avec des râteaux de bois. Les olives sont recueillies dans des filets à mailles fines étendus à même le sol.

Dans les régions plus pauvres, on laisse tomber les olives mûres dans des filets que l'on vide de temps en temps. Cette méthode pose des problèmes car le laps de temps écoulé entre la cueillette et le broyage est très long. Dans les pays chauds, les olives commencent à s'oxyder dès leur cueillette.

Sous des climats plus tempérés, le problème est moins aigu. Les oléiculteurs peuvent choisir de laisser reposer leurs olives pendant un jour ou deux avant le broyage. Les olives commencent à se réchauffer et produiront ainsi plus d'huile. Si l'opération est bien menée, elle n'affectera en rien la qualité de l'huile.

Les huiles de la propriété

Dans chaque pays producteur d'olives, une bonne partie de la récolte est acheminée vers des usines ou de grandes coopératives pour être transformée en huile et en olives de table. Certains établissements se sont forgé une belle réputation par la qualité de leurs produits. Le reste des olives est broyé et transformé dans des fermes ou bien dans de petites coopératives locales. La quantité d'huile ainsi obtenue est très variable; elle ne subvient parfois qu'aux besoins du producteur, de sa famille et de ses amis, ou de ses voisins.

D'autres propriétés produisent en quantité plus importante de l'huile qui est embouteillée sur place et vendue sous le label «huile de la propriété». Ces exploitations oléicoles, renommées pour leur huile de grande qualité, vendent leur produits à des prix élevés. Les vertus de l'huile d'olive vierge extra sont de plus en plus largement appréciées, de sorte que le marché des huiles de la propriété se développe et que les marques se multiplient.

Il existe de telles affinités entre l'olivier et la vigne, l'huile et le vin, que ces «huiles de la propriété» proviennent souvent de domaines vinicoles. Ceci se remarque particulièrement dans le centre de l'Italie et en Californie.

L'Espagne

L'Espagne est un pays chaud et sec, poussiéreux, avec de grands espaces découverts généralement éloignés du bord de mer. Grâce à l'intense chaleur des mois d'été, les oliveraies donnent de magnifiques récoltes et l'Espagne bat souvent les records de production mondiale.

Chaque région d'Espagne possède ses oliviers qui produisent aussi bien de l'huile que des olives de table. La région de Lérida est probablement la plus réputée, bien qu'elle ne représente qu'un pour cent de l'huile d'olive espagnole. Jaén, qui en produit plus d'un tiers et Cordoue, un huitième, sont des centres beaucoup plus importants.

La plupart des olives sont cultivées par de petits exploitants qui les expédient aux fins de broyage et de pressurage dans des usines comme Carbonell et Ybarra, ou dans une des nombreuses coopératives du pays. Dans les régions de Baena et de la Sierra de Segura, on trouve des exploitations qui se consacrent à la fabrication d'une huile de très grande qualité.

Il existe en Espagne de nombreuses variétés d'olives, difficiles à différencier. Parmi les plus connues, mentionnons l'Arbequin, la Verdial de Catalogne et de Tarragone, ainsi que la Picual de Cordoue, Grenade et Jaén. D'autres variétés très répandues sont l'Hojiblanca et la Lechin.

Les olives sont le plus souvent cueillies à la main, mais comme partout, les pressoirs hydrauliques (et plus récemment les centrifugeuses) ont presque totalement supplanté les vieux pressoirs à vis et à levier. Dans certaines régions on produit deux sortes d'huile : l'une à partir d'olives cueillies tôt dans la saison et l'autre à partir d'olives mûres.

Ces toutes dernières années, on s'est efforcé de réduire l'intervalle de temps entre la cueillette et le pressurage ; l'huile espagnole est désormais de bien meilleure qualité que naguère.

Les variétés d'olives de table, comme la Manzanilla et la Gordal, sont nombreuses dans le sud du pays.

L'Italie

L'Italie rivalise avec l'Espagne pour la première place de producteur d'olives. Son relief vallonné, souvent montagneux, est idéal pour la culture de l'olivier ; seule la province du Val d'Aoste, au nord-ouest, n'en cultive pas.

La Toscane est restée reine en production d'huile de première qualité. D'une part, elle produit plus d'huile vierge extra que les autres régions et, d'autre part, elle a une démarche commerciale très développée, alors que sa production ne représente modestement que deux à trois pour cent de la production totale du pays.

Dans cette province, Lucques (Lucca) est la région la plus connue, mais d'excellentes huiles sont fabriquées dans la région de Florence et des collines Métallifères. Les oliveraies toscanes, gravement endommagées par les gelées de 1955 et 1984, commencent juste à récupérer.

Les huiles de Ligurie et du lac de Garde, dans le nord du pays, deviennent réputées, mais l'Italie du Sud conserve sa place prédominante. Les Pouilles et la Calabre produisent quelque 70 % de l'huile d'olive italienne. Elles sont talonnées par la Sicile (10-11 %) et la Campanie (5 %). Par le passé, les huiles provenant de ces régions étaient mélangées avec d'autres huiles et vendues sous des marques déposées. Aujourd'hui les oléiculteurs produisent une huile de meilleure qualité, commercialisée sous leur nom.

Malgré ce taux de production élevé, l'Italie importe de l'huile d'olive ; donc l'huile exportée par l'Italie n'est pas forcément d'origine italienne (et ce, même si elle est d'appellation italienne). Les nouvelles lois de l'Union européenne en matière d'appellation d'origine (voir page 26) devraient améliorer la situation, mais elles ne concernent que les huiles de première qualité.

Comme l'Espagne, l'Italie possède de nombreuses variétés d'olives : la Coratine au sud, en très grande quantité ; la Frantoio, la Leccino et la Moraiolo dans le centre, et la Taggiasca en Ligurie.

La Grèce

Celui qui a voyagé en Grèce apprendra sans surprise que les Grecs sont les plus grands consommateurs d'huile d'olive au monde. La Grèce est aussi le troisième pays producteur d'olives.

La région montagneuse de l'ouest du pays est, par tradition, une région de prédilection pour la culture de l'olive. De petites exploitations produisent des récoltes de 400 ou 500 kg. Acheminées vers des coopératives, les olives sont ensuite mélangées pour être vendues. Aujourd'hui, on plante des oliveraies dans les plaines du centre de la Grèce.

Les îles grecques produisent elles aussi beaucoup d'huile d'olive. La Crète donne des huiles de première qualité depuis l'époque du roi Minos, et Lesbos fournit de l'huile au continent.

On est enclin à penser que l'huile d'olive grecque est moins noble que les autres huiles, mais en vérité ses meilleures huiles sont vendues à l'Italie, où elles sont infiniment appréciées. Les Grecs commencent à commercialiser leur huile comme une denrée de luxe, et pour ce faire à soigner le conditionnement et la présentation. Il existe très peu d'« huiles de la propriété ».

L'olive grecque la plus connue est celle de Kalamata, destinée à la table : son goût est délicieux. Occasionnellement, on la presse pour faire de l'huile.

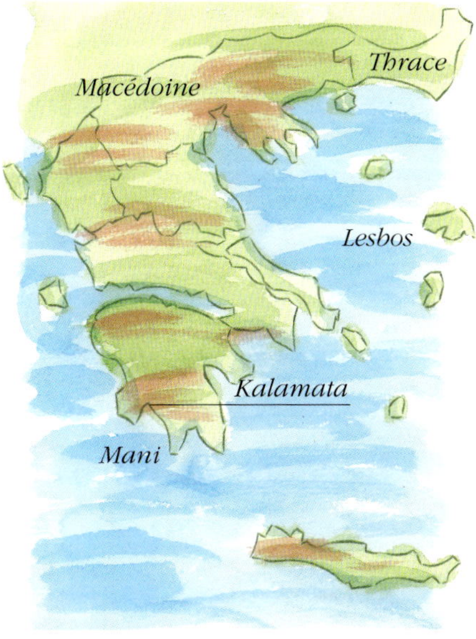

Parmi les variétés servant à faire de l'huile, la Coronaiki est principalement cultivée dans la région de Kalamata, dans le Péloponnèse, ce qui prête souvent à confusion. Ainsi, l'huile « Kalamata » est souvent de l'huile d'olives Coronaiki de Kalamata. La région voisine de Mani est aussi productrice d'huile, et toutes deux rivalisent pour produire la meilleure huile de première qualité.

La France

La France est un des plus petits pays producteurs d'olives, mais grâce à son merveilleux climat, ses olives de table comme son huile sont toujours d'excellente qualité. Les oliveraies sont concentrées le long de la Méditerranée, de la frontière espagnole à l'ouest jusqu'à la Riviera à l'est ; elles remontent dans la vallée du Rhône jusqu'à Valence.

Une des principales régions productrices est celle de Nyons, au nord de la Provence. Les oliveraies côtoient les vignobles et les champs de lavande, ce qui dessine une harmonieuse mosaïque sur le flanc des collines. La spectaculaire Valle des Baux est aussi très prolifique. Les départements du Vaucluse, du Gard et des Alpes-Maritimes produisent aussi des huiles de grande qualité. Si vous voulez assister à la cueillette des olives, visitez la région au début du mois de décembre.

On trouve des olives de table en quantité plus importante dans le Languedoc-Roussillon, en particulier autour de Nîmes et Montélimar, mais aussi à Nice et à Nyons.

À la différence d'autres pays, la France possède un petit nombre de variétés procurant olives de table ou huile. Parmi elles, la Tanche dans la région de Nyons, la Picholine, la Grossane et la Salonenque. La Lucquoise, dans le Languedoc, et la Cailletier, à Nice, sont avant tout des olives de table.

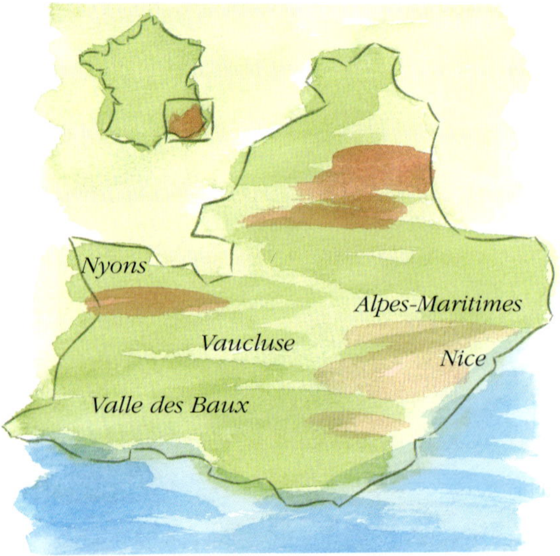

Les États-Unis

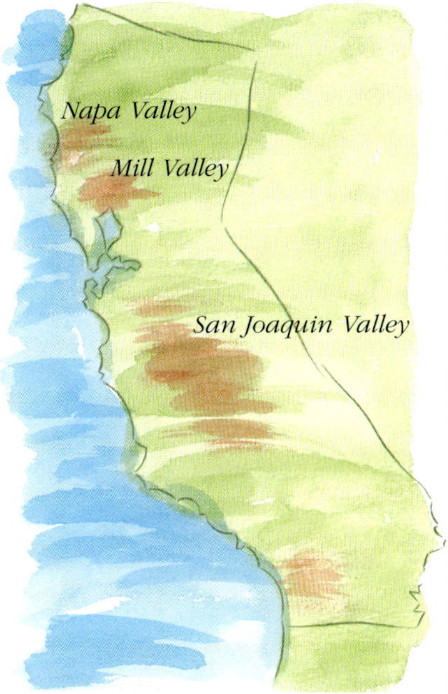

Si la Californie est le haut lieu de l'industrie américaine de l'olive, on cultive aussi des olives dans d'autres États comme l'Oregon, l'État de Washington ou le Texas. Jusqu'à une époque récente, on ne produisait que des olives de table. On fabriquait aussi de l'huile d'olive bon marché avec les olives de table jugées impropres à la conserve.

L'olive la plus courante est la Mission. Elle fut introduite aux États-Unis par les franciscains, suivie de la Manzanillo et la Sevillano. Ces trois variétés donnent de bonnes huiles, mais les deux dernières sont plus grosses et leur rendement en huile est faible. Elles sont meilleures en olives de table.

Depuis la fin des années 1980, la Californie est le théâtre d'une révolution tranquille dans le domaine de la production de l'huile d'olive. Un groupe d'exploitants a innové en plantant de nouvelles oliveraies et s'efforce de produire des huiles de première qualité capables de rivaliser avec les huiles européennes. Bon nombre de ces nouveaux producteurs sont associés avec les viticulteurs.

De nombreux oléiculteurs ont choisi d'introduire des variétés d'olives italiennes, dont la Frantoio, la Leccino, la Pendolino, la Moraiolo et la Taggiasca. Ces oliveraies sont encore très jeunes et n'ont pas encore développé tout leur potentiel. Leur rendement, peu élevé, s'accroit néanmoins.

La réussite de ces pionniers a séduit d'autres exploitants, et la Californie semble prête à augmenter sa production d'huile d'olive haut de gamme.

Dans le reste du monde

La Tunisie, plus grand pays producteur d'huile d'olive après l'Espagne, l'Italie et la Grèce, occupe de loin la première place en Afrique du Nord. L'huile d'olive est un élément essentiel de l'économie tunisienne : un cinquième de la population participe à sa production, dont la moitié est exportée vers des pays non membres de l'Union européenne.

Le Maroc et l'Algérie, qui produisent aussi de l'huile, représentent avec les pays du Moyen-Orient, la Libye et l'Argentine, environ 7% de la production mondiale. La Turquie joue également un rôle non négligeable sur les marchés mondiaux.

Le Portugal possède autant d'oliviers que la Tunisie, mais le relief accidenté est si aride que le rendement moyen en huile par arbre n'atteint pas celui des autres pays. En outre, la qualité de son huile est plutôt ordinaire, car les oliveraies ne font pas l'objet d'un traitement spécial et qu'on prête peu d'attention aux techniques de production. Il fait très chaud au moment de la cueillette, aussi les olives sont-elles souvent endommagées avant d'être broyées.

La plus grande partie de la production est consommée sur place et les Portugais semblent apprécier leur huile à la saveur si particulière. La meilleure, dit-on, vient de la haute vallée du Douro, où l'on fabrique le porto. Certains grands producteurs de porto cultivent aussi l'olive mais ne mettent pas leur huile en bouteille ni ne l'exportent, comme le font les propriétaires toscans en Italie.

Hormis les pays cités, la production est minime. Cette tendance pourrait s'inverser avec le regain d'intérêt observé actuellement pour les olives et leur huile. L'Australie, la Nouvelle-Zélande et l'Afrique du Sud semblent suivre l'exemple de la Californie en matière de production d'huile de grande qualité à petite échelle.

Vue surprenante sur les oliveraies de la Sierra Magina, en Espagne.

Le monde de l'huile d'olive

L'huile d'olive occupe une place à part parmi les huiles végétales, car elle est extraite, par des moyens purement mécaniques, de la chair du fruit frais. Dans de nombreuses régions, la technique du broyage et du pressurage des olives a peu évolué depuis l'époque des Romains, seul le matériel est plus élaboré.

La fabrication de l'huile

Certains moulins utilisent encore d'énormes meules en granit, alors que d'autres sont équipés de pressoirs modernes en acier inoxydable. En Europe, le pressoir hydraulique a remplacé l'ancien pressoir à vis, ce qui a favorisé le rendement et la qualité de l'huile.

Le vieux moulin de la propriété Tenuta di Forci à Lucques, en Italie.

Avec les vieux pressoirs, on n'extrayait de la pâte d'olive que 40 % de l'huile ; cette première huile était connue sous le nom d'huile de « première pression » ou de « pression à froid », et commercialisée comme telle.

La phase suivante consistait à additionner d'eau chaude la pâte et à la presser de nouveau pour obtenir l'huile de « deuxième pres-

Centrifugeuse de la société Frantoio Graziello, en Ligurie (Italie).

sion» ou huile «échaudée», termes qui figurent rarement sur les étiquettes!

Avec le pressoir hydraulique, on exprime plus de 90% de l'huile contenue dans la pâte d'olive, et le résidu est ensuite traité en raffinerie. Il n'y a pas de double pression. Certains producteurs tiennent encore à faire figurer ces anciens termes sur leurs étiquettes, mais ils n'ont plus de signification aujourd'hui.

Les fruits sont d'abord séparés de leurs feuilles et brindilles, puis lavés. Deux ou trois meules les écrasent ainsi que leurs noyaux et les transforment en pâte. Les noyaux jouent un rôle important de séparateurs : les morceaux aident à canaliser l'huile lorsqu'on presse la pâte. Le broyage dure environ une demi-heure. Les cellules du fruit commencent à se désagréger et à livrer leur huile.

La pâte est ensuite uniformément étalée sur des scourtins (des sortes de nattes) superposés en piles de vingt ou trente sous la presse hydraulique. La pâte ne peut pas être pressée en un seul bloc; de consistance très élastique, elle résisterait à la pression. Les scourtins permettent à l'huile de s'écouler et d'être recueillie au pied de la presse.

Le jus de presse ainsi obtenu, d'un brun rougeâtre, est constitué d'un mélange d'huile et d'eau. La décantation est réalisée dans une centrifugeuse. L'huile recueillie est immédiatement stockée dans des cuves en sous-sol, qui la garderont fraîche pendant un certain temps. Autrefois, la décantation s'opérait dans des bassins et l'on recueillait l'huile remontée en surface. Certaines exploitations – italiennes notamment – procèdent encore selon cette méthode, auquel cas ce cas l'étiquette peut porter la mention «Affiorato».

La pâte desséchée, ou grignons d'olive, laissée en dépôt sur les scourtins, et l'eau d'olive sont envoyées à la raffinerie, où l'on exprimera les derniers litres d'huile destinés à un usage industriel. On l'utilise aussi pour l'alimentation du bétail ou comme engrais.

«Méthode traditionnelle» est une mention que les producteurs affectionnent et qu'ils mentionnent volontiers dans leurs dépliants publicitaires ou sur les étiquettes. Elle fait référence à la méthode décrite précédemment, qui se démarque du nouveau procédé de décantation de l'huile par centrifugation. Cette méthode intervient généralement après la phase initiale de broyage à la meule de granit, ou bien constitue une étape du processus d'huilerie en continu (qui est toujours strictement mécanique). Si les conditions d'hygiène sont respectées à la lettre, les huiles produites selon une méthode ou une autre sont identiques en qualité et en goût.

Si de mauvaises manipulations interviennent en cours de fabrication, on obtiendra une huile de piètre qualité. L'huile qui ne correspond pas aux normes requises sera purifiée en raffinerie.

Certains producteurs d'«huile de la propriété» recueillent uniquement la première huile provenant de la simple pression des olives entre elles. Les moulins sont organisés de telle façon qu'on puisse extraire une petite quantité de première huile avant de presser la pâte d'olive. En Espagne, cette huile de qualité incomparable est appelée Yema flor ou fleur de suintement. Elle est mise en bouteille manuellement, son bouchon est scellé à la cire et son étiquette est numérotée. Le prix, bien sûr, tient compte de tous ces efforts!

Dans d'autres régions, les olives sont pressées dans des pressoirs spéciaux : l'huile est extraite par capillarité (on exploite la différence de tension superficielle entre l'huile et l'eau végétale). La pâte d'olive est brassée par des milliers de pales en acier; l'huile adhère aux pales puis s'évacue. On obtient une huile d'excellente qualité.

LES CATÉGORIES D'HUILE D'OLIVE

Un dixième environ de l'huile d'olive produite dans le monde est de l'huile d'olive vierge de première qualité. Le reste doit être affiné pour éliminer les impuretés qui en altèrent l'arôme et la saveur.

Autrefois, l'unique moyen de juger une huile était de la goûter. Une seule personne en avait la charge et le résultat était très subjectif. On continue aujourd'hui à goûter l'huile, mais il existe des tests chimiques performants qui permettent de déterminer les taux d'acidité. L'huile la moins acide est la meilleure. Cette acidité ne se sent pas comme celle des citrons ou du vinaigre : on ne peut la détecter que lorsque l'huile a ranci.

Huile d'olive vierge extra

C'est la meilleure qualité d'huile d'olive. Il s'agit d'une huile vierge, non traitée, dont le taux d'acidité ne doit pas dépasser un pour cent. Certaines huiles d'olive vierges extra ont des taux inférieurs. Cette huile a une couleur, un goût et un arôme parfaits.

Huile d'olive vierge

Le taux d'acidité de cette huile vierge doit être inférieur à deux pour cent, et cette huile doit toujours avoir une couleur, un goût et un arôme irréprochables.

Huile d'olive

C'est un mélange d'huile raffinée et d'huile vierge. Son taux d'acidité doit être inférieur à un et demi pour cent. L'huile raffinée n'a pas de saveur ni d'odeur ; c'est pourquoi on la parfume avec de l'huile vierge. Ces huiles varient selon la quantité d'huile vierge rajoutée et selon l'intensité de leur parfum.

Huile de grignons

C'est de l'huile raffinée extraite des grignons, cette pâte asséchée qui reste dans la presse hydraulique ou la centrifugeuse après l'extraction de la majorité de l'huile. Son taux d'acidité ne doit pas excéder un et demi pour cent. Comme l'huile d'olive ordinaire, elle est parfumée avec de l'huile d'olive vierge extra. Elle ne peut en aucun cas être étiquetée « huile d'olive ».

Les appellations d'origine

Certaines régions produisant une huile d'olive de qualité exceptionnelle ont reçu leur propre appellation d'origine. L'Espagne, qui fut le premier pays à instituer ce système d'appellation d'origine contrôlée, reste leader dans ce domaine.

En Espagne, l'Instituto Nacional de Dénominaciones de Origen reconnaît un certain nombre de régions D.O.C. : Baena et la Sierra de Segura en Andalousie, Les Guarrigues et Siurana en Catalogne.

La France a suivi l'exemple de l'Espagne en attribuant une appellation d'origine contrôlée (A.O.C.) à l'huile d'olive et aux olives de table de Nyons.

Étiquette d'appellation d'origine de la région de Baena, en Espagne.

En 1995-1996, l'Union européenne a mis en place un système d'appellation d'origine contrôlée propre aux pays de l'U.E., et d'autres régions d'appellation d'origine (ou D.O.C.) doivent y adhérer, en particulier l'Italie.

Le système d'appellation d'origine contrôlée pour l'huile d'olive est très similaire à celui du vin. Les huiles doivent provenir de la région désignée et être fabriquées selon un processus approuvé et à partir des variétés d'olives requises.

La nature de l'huile d'olive

D'après la définition, les huiles d'olive vierges devraient être dotées d'une couleur, d'un arôme et d'un goût irréprochables, ce qui ne veut pas dire qu'elles ont la même saveur. Il existe au contraire un large éventail de parfums.

Une huile peut être très légère et suave, ou bien forte et amère. On entend dire parfois que la bonne huile d'olive doit être poivrée, mais il n'en est rien. On trouve des huiles excellentes, et de toutes natures : le choix se fait selon la préférence de chacun.

La nature de l'huile peut dépendre de son lieu d'origine, mais il est impossible d'affirmer que deux huiles de même provenance ont le même goût. On dit en général que l'huile toscane est verte et relevée, avec beaucoup de « poivre » – ce sont en effet les caractéristiques que l'on pourrait attribuer à une huile issue d'olives cueillies en début de saison avec, parmi elles, de la Frantoio. Beaucoup d'huiles toscanes possèdent cette saveur, d'autres ont un succulent goût de noisette, ou sont même sucrées. Il est aisé d'aligner une demi-douzaine de bouteilles non conformes à la nature communément acceptée. À l'inverse, il serait tout aussi facile de trouver des huiles, dans d'autres régions d'Italie ou à l'extérieur du pays, qui aient le goût de l'huile toscane. Ceci se vérifie dans toutes les régions productrices d'olives.

Il existe des variantes, même pour les huiles qui correspondent au schéma de goût escompté. La découverte de l'huile d'olive devient ainsi un agréable divertissement. Cela signifie aussi qu'il faut lire ce guide avec attention, en vous gardant de juger l'huile que vous achetez avant de l'avoir goûtée ! Bien sûr, si c'est possible, il est préférable de goûter l'huile avant de l'acheter.

Espagne

Les huiles espagnoles ont tendance à être riches, avec un goût de noisette ; elles peuvent aussi être fruitées ou même aromatisées. Elles sont inégalement poivrées.

Lérida et *Borjas Blancas* : La saveur caractéristique de ces huiles est la noisette, et souvent la noisette grillée, ou même le chocolat aux noisettes. Elles sont parfois légèrement amères, avec un arrière-goût poivré mais doux.

Siuriana : Bien qu'on y utilise presque les mêmes olives qu'à Lérida, la saveur des huiles est différente. Leurs nuances d'herbes et de peau de tomate leur donnent un goût peu poivré.

Baena : Ces huiles sont extrêmement fruitées. Elles ont un délicieux goût d'olive et aussi un parfum de melon et de fruits tropicaux (fruit de la passion, banane...). Elles sont douces et suaves. Certaines sont assez poivrées, d'autres non.

Jaèn et *Sierra de Segura* : Elles ont un goût fruité et aromatique, teinté d'une légère amertume.

Italie

Les huiles italiennes sont de toutes natures ; elles peuvent être douces et fruitées avec peu ou pas du tout de « poivre », ou bien avoir un goût de noisette avec une certaine ardence en fond de gorge, ou encore avoir un puissant bouquet et être très poivrées.

Le Nord et la Ligurie

Les huiles liguriennes ont tendance à être douces et citronnées, avec un parfum d'amande. Elles sont moyennement poivrées. Certaines huiles sont plus fraîches, avec une saveur de pomme ou de tomate. Les huiles du lac de Garde et de la région de Trente ont parfois un léger goût de noisette semblable à celui de l'huile ligurienne, ou bien une forte saveur aromatique.

La Toscane et l'Italie centrale

Ces deux régions produisent de nombreuses variétés d'huiles d'olive : certaines sont fruitées, peu poivrées, d'autres ont un goût de noisette avec des nuances de chocolat et sont moyennement poivrées. D'autres encore sont vertes et végétales, ce qui est déjà typique de la Toscane.

Certains producteurs cueillent leurs olives avant le début de leur pleine maturation pour obtenir cette huile verte et relevée : elle a une couleur vert électrique et ce goût amer de la roquette ou de la chicorée. Ces huiles sont aussi extrêmement poivrées.

La région du centre comprend l'Ombrie, les Abruzzes, la Molise et la Sardaigne. Depuis peu, les huiles sardes sont d'une exceptionnelle qualité et remportent des prix. Elles sont riches et grasses, mais fines et délicatement fruitées, peu ou moyennement poivrées.

Les Pouilles et le Sud

Ici aussi, vous trouverez de nombreuses variétés, la plus courante a un goût de noisette avec une forte saveur poivrée. Certaines huiles sont plus aromatiques et fruitées, ce qui est typique des meilleures huiles siciliennes.

La Grèce

Les huiles grecques sont très végétales. Elles sentent souvent l'herbe fraîchement coupée. Elles sont plutôt ordinaires mais ont beaucoup de charme. Le taux de poivre varie d'une huile à l'autre.

La France

Les huiles françaises ont une saveur douce teintée de parfums fruités variant de la pomme et de la poire au citron et à la tomate, selon leur lieu d'origine. Elles sont généralement peu relevées, mais certaines font exception. Aux Baux-de-Provence, on produit des huiles aux parfums d'herbes, très poivrées, dans une région où, habituellement, l'huile a une saveur douce et citronnée.

La Californie

Les huiles californiennes ont tendance à évoluer. Elles qui étaient plutôt fortes et poivrées deviennent douces et légères. Cette tendance pourrait s'inverser avec l'incursion de nouvelles variétés d'huiles italiennes.

Savoir apprécier l'huile d'olive

Pour goûter, apprécier et évaluer l'huile d'olive, il faut avoir un odorat et un palais bien développés. Lorsque vous vous régalez en mangeant de la bonne cuisine, vous ne faites qu'apprécier inconsciemment certaines saveurs et opérer des choix pour le futur.

Si vous aimez l'huile d'olive, vous apprendrez vite que chaque huile a un goût différent. Les étiquettes donnant peu d'information, vous ne pouvez faire confiance qu'à vos papilles gustatives.

Avelino Vea, de la société Vea, à Lérida, en Espagne. Il appartient au cercle restreint des connaisseurs dotés de capacités gustatives d'exception.

D'aucuns pensent que la couleur de l'huile peut renseigner sur sa nature. En réalité, il serait hasardeux d'évaluer une huile selon ce seul critère. Certaines huiles, très vertes, ont bien évidemment un goût prononcé et « vert », mais d'autres pas du tout ; deux huiles appartenant à cette même catégorie peuvent néanmoins avoir des saveurs éloignées.

De la même façon, les huiles jaune pâle sont douces, mais elles peuvent aussi être très poivrées. La couleur n'est donc pas un indicateur réellement fiable. De plus, les huiles de qualité sont souvent conditionnées dans des bouteilles en verre foncées pour les protéger de la lumière à laquelle elles sont particulièrement sensibles.

Huile d'olive : goût et parfum

Lorsqu'il s'agit de goûter, l'odorat joue le rôle le plus important. Si vous avez un rhume et que votre nez est congestionné, vous serez incapable de vraiment goûter quoi que ce soit. Le sens gustatif vous permet de détecter les parfums amers. Ce sont les muqueuses du fond de la gorge qui décèlent les saveurs poivrées. La bouche aussi est un acteur essentiel pour évaluer la texture de l'huile.

Que faut-il rechercher lorsqu'on goûte une huile? La première appréciation portera sur la nature de cette huile. Est-elle douce et légère ou plutôt forte et piquante? La seconde portera sur l'intensité de cette saveur poivrée. Il faut se rappeler que plus le palais est en contact avec des goûts relevés, plus la sensation de piquant augmente. La troisième ou la quatrième huile que vous goûterez pourra ainsi vous sembler plus poivrée que la première, même si elles sont équivalentes. Si vous les goûtez dans l'ordre inverse, vous déciderez peut-être que la première est la plus relevée!

Quoi qu'en disent les philistins, il est impossible de donner un avis tranché sur la nature de l'huile d'olive. L'huile d'une région n'est pas meilleure que celle d'une autre. C'est une question purement subjective. Par exemple, les huiles relevées n'ont pas plus de valeur intrinsèque que les huiles plus légères. Pourtant, en matière culinaire, il y aura une différence. Une huile très poivrée masquera le parfum subtil d'un aliment alors que l'on ne décèlera pas une huile légère en dégustant un mets relevé.

Une fois que vous avez déterminé la nature d'une huile, il faut penser à son goût et à son parfum. L'huile d'olive ne sert pas uniquement à la cuisson des mets, c'est aussi un ingrédient à part entière. Vous choisirez un parfum plutôt qu'un autre pour l'assortir ou l'opposer à un aliment que vous cuisez dans l'huile ou que vous accommodez avec de l'huile.

La bonne huile d'olive doit bien sûr avoir le goût de l'olive fraîche, mais elle doit aussi receler des parfums secondaires qui feront tout son charme. Le meilleur moyen de décrire ces parfums est de se référer à d'autres aliments.

Il existe un large éventail de parfums associés à l'huile d'olive. Ceux de fruits et de légumes abondent particulièrement : parmi les plus courants on trouve le citron, la pomme, la tomate, la poire, l'avocat et l'amande. On rencontre aussi souvent les arômes verts comme ceux de l'herbe, du foin frais coupé et des feuilles de salade. Certains dégustateurs font référence de façon insolite au chocolat, à la charcuterie, au fruit de la passion et à l'anis.

CUISINER À L'HUILE D'OLIVE

L'huile d'olive est un ingrédient traditionnel de la cuisine méditerranéenne, utilisé comme les huiles végétales ou le beurre dans les pays du Nord. Ses usages sont nombreux et variés. Simple sauce pour le pain, elle peut aussi donner une touche finale à un mets très élaboré.

L'huile d'olive est utilisée depuis longtemps pour la friture de mets tels que les calmars et le poulet.

Elle est le plus couramment utilisée pour la cuisson des aliments : les grillades ou les fritures. En règle générale, on choisit pour cela une huile d'olive ordinaire, mais si vous en avez les moyens, faites un essai avec une huile d'olive vierge extra : vous trouverez une réelle différence de goût.

Certains pensent à tort que l'huile d'olive ne se prête pas bien aux fritures successives. Son point de fumée est le même que celui de l'huile de maïs, et l'on peut s'en servir dans une friteuse plus souvent car elle ne se décompose pas aussi rapidement. Il faut seulement éviter de la surchauffer, et la filtrer après usage.

L'huile d'olive s'utilise aussi comme condiment pour assaisonner des mets simples comme les légumes, les pâtes et la salade, auxquels elle confère un goût fruité. C'est là que l'huile d'olive vierge extra prend toute sa saveur. Chaque variété d'huile donnera un résultat différent, et il est passionnant d'expérimenter toute la gamme d'huiles et de vinaigres (ou jus de citron) pour composer un éventail de sauces adaptées à chaque type de salade.

L'huile d'olive est l'ingrédient essentiel de la mayonnaise. Si vous la faites vous-même, vous trouverez que certaines huiles d'olive vierges extra ont un goût trop prononcé, mais les huiles du nord de la Méditerranée, plus légères, font merveille. Sinon, mélangez de l'huile d'olive vierge extra avec de l'huile d'olive ordinaire, en pratiquant votre propre dosage.

En Californie et autour de la Méditerranée, l'huile d'olive sert de sauce à part entière. Faites griller de la viande ou de la volaille et nappez-les ensuite d'un filet d'huile d'olive vierge extra et de jus de citron. C'est excellent. On ajoute aussi de l'huile d'olive, juste avant de servir, à des plats traditionnels comme le gazpacho, la ribollita ou le ragoût. La chaleur des aliments fait ressortir le parfum de l'huile, qui se marie avec celui du plat cuisiné.

Depuis peu de temps, on fabrique de l'huile aromatisée qui peut agrémenter avec bonheur votre cuisine. Versez par exemple de l'huile au basilic dans une soupe de tomates, de l'huile à la truffe sur une omelette ou de l'huile aux tomates séchées dans une sauce de salade. Les possibilités sont infinies.

On peut aussi conserver à court terme des olives de table farcies, des légumes grillés, des champignons ou du fromage de chèvre dans l'huile d'olive. Certaines spécialités sont fabriquées par les producteurs d'huile dont vous trouverez les coordonnées dans le répertoire à la fin de ce livre.

Stockez votre huile d'olive et vos conserves à l'huile d'olive dans un endroit frais et sombre. Si vous souhaitez laisser vos jolies bouteilles dans votre cuisine, consommez l'huile assez rapidement. Il n'est pas nécessaire de la mettre au réfrigérateur. Si vous le faites, elle commencera à se solidifier et deviendra opaque, mais n'en sera pas altérée (à la chaleur, elle redeviendra transparente et retrouvera sa fluidité). Si vous la conservez dans de bonnes conditions, l'huile d'olive cachetée peut se garder pendant plus d'un an. Si possible, achetez-la dans un magasin qui a beaucoup de débit. Sachez que dans l'hémisphère nord, on commence à trouver la nouvelle huile de saison aux alentours de février-mars. Seul un test effectué en laboratoire pourra vous dire si une huile est en passe de se désintégrer ou de rancir, mais votre odorat sera un précieux informateur.

L'huile rance a une odeur très particulière et désagréable. À l'inverse du vin, l'huile d'olive ne se bonifie pas dans la bouteille, et il est sage de se rappeler ce vieux proverbe : « Boire le vin vieux et l'huile jeune ».

L'huile d'olive et la santé

L'huile d'olive est constituée de 70 % d'acides gras monoinsaturés avec des soupçons de vitamine E anti-oxydante. Le reste des acides gras se décompose en 5 à 10 % de graisses saturées et 20 à 25 % d'acides gras polyinsaturés. Elle ne contient pas de cholestérol.

Les graisses et les huiles sont les principales sources d'énergie dans une alimentation. Elles fournissent environ 120 à 125 calories (kilocalories) par cuillerée à soupe. Lorsqu'on parle d'huile légère, on fait référence au parfum et non aux calories.

À mesure que les scientifiques découvrent l'importance des acides gras mono-insaturés, on loue de plus en plus les vertus de l'huile d'olive dans l'alimentation. L'huile d'olive en contient près de 70 %.

Toutes les graisses sont composées d'acides gras saturés, mono-insaturés et polyinsaturés, et notre organisme a probablement besoin des trois. Toutefois, les acides gras saturés sont tenus en partie responsables du nombre croissant des maladies cardio-vasculaires dans le monde occidental. Les acides monoinsaturés et polyinsaturés, quant à eux, sont censés prévenir la maladie en diminuant le taux de cholestérol dans le sang.

Il existe deux sortes de cholestérol sanguin : le LHD (lipoprotéines de haute densité) et le LBD (lipoprotéines de basse densité). Le LHD est considéré comme un « bon » cholestérol et le LBD comme un « mauvais ». Les graisses polyinsaturées ont pour effet de baisser les taux à la fois de LHD et de LBD. Les graisses monoinsaturées, à l'inverse, réduisent le taux de LBD en n'influant pas sur le taux de LHD.

L'huile d'olive se digère relativement bien et aide à assimiler les vitamines et les minéraux. Elle a un effet bénéfique sur le système digestif, en protégeant les muqueuses et en stimulant la vésicule biliaire (elle prévient la formation de calculs).

D'autres études ont montré que les acides gras monoinsaturés peuvent améliorer le diabète en diminuant l'insulino-résistance et peuvent être tout aussi bénéfiques dans d'autres maladies graves en jouant un rôle régulateur.

Vignettes d'information

Ces vignettes vous renseigneront sur l'origine de l'huile, sa production annuelle et donnent une appréciation de qualité variant de 1 à 3 étoiles pour chaque marque. Elles vous disent aussi si les producteurs font du vin et si un accueil est prévu pour les visiteurs.

N *Situation*

Production annuelle

★★ *Qualité*

Production vinicole

Accueil visiteurs

LE MONDE DES OLIVES DE TABLE

Dans les pays d'oléiculture, les olives de table étaient traditionnellement servies à l'apéritif et utilisées en cuisine, ce qui n'était pas le cas ailleurs. Cette tendance est en train d'évoluer et l'éventail des olives à l'exportation s'élargit rapidement.

Le domaine Ravida à Agrigente, en Sicile.

La plupart des régions productrices d'huile d'olive produisent aussi des olives de table, alors que d'autres s'y spécialisent. Leur couleur varie du vert au noir en passant par le rose, le rouge, le brun et le violet et leur taille, de la minuscule olive de Nice à la grosse olive Gordal d'Espagne.

Le fruit frais de l'olivier a un goût amer et n'est pas comestible. Il contient très peu de sucre et un composant amer appelé oléuropéine. Il faut éliminer cette amertume avant de consommer les olives. Chaque région procède différemment : on peut les traiter avec une solution alcaline comme l'hydroxyde de sodium, les laisser fermenter dans la saumure ou les enrober de sel sec, ou encore simplement les casser et les laver à l'eau. On peut aussi opter pour une combinaison de plusieurs techniques. Chaque traitement donne une texture et un parfum différents.

Olives Picudo, cultivées dans les régions de Cordoue, Grenade et Jaén, en Espagne.

Les meilleures olives de table sont de calibre moyen (entre 3 et 5 g) ou gros (environ 5 g), bien qu'il y ait des exceptions comme les olives Cailletier ou celles de Nice. Les olives vraiment noires sont plus appréciées que les marrons ou les violettes, car les consommateurs pensent que ces dernières sont décolorées. Ceci peut arriver au cours du traitement, mais cette teinte pâle signifie aussi que telle ou telle variété ne devient pas noire en mûrissant ou que les olives ont été cueillies avant d'être complètement mûres.

Le traitement des olives de table

Certaines variétés doivent être traitées vertes alors que d'autres sont plus appétissantes lorsqu'elles sont noires. Certains traitements sont traditionnels et propres à une région, d'autres non. Le producteur choisit pour ses olives parmi les procédés suivants :

- Traitées avec une solution alcaline et fermentées dans la saumure
- Traitées avec une solution alcaline, puis marinées avec des herbes et des épices
- Traitées avec une solution alcaline et conservées dans le sel
- Fermentées dans la saumure, sans traitement préalable
- Partiellement fermentées dans la saumure, sans traitement préalable et traitées à la chaleur
- Lavées dans la saumure, et conservées dans la saumure, le vinaigre et l'huile

L'Espagne est le plus grand producteur d'olives de table, et ses olives sont célèbres dans le monde entier. Les meilleures viennent de Séville, Cordoue et Malaga, au sud de l'Andalousie, de Jaén et d'Estramadure. Ces olives sont en général traitées encore vertes, et farcies avec du piment, de l'ail ou des amandes.

Le traitement typiquement sévillan consiste à plonger les olives dans une solution alcaline pour éliminer leur amertume et à les rincer dans plusieurs bains d'eau. On les fait ensuite fermenter dans la saumure. Une fois le traitement terminé, ces olives se gardent assez longtemps.

En Espagne, on a tendance à conserver les olives de moindre qualité dans une solution chimique salée. Il est conseillé de ne pas en acheter. Cherchez plutôt des variétés précises comme la Gordal ou l'olive royale et la Manzanilla, qui ont été traitées avec plus de précautions.

L'Italie est plus renommée pour son huile que pour ses olives. Pourtant, la plupart des régions produisent aussi bien de l'huile que des olives de table, mais celles-ci sont consommées sur place. Différentes techniques de traitement sont utilisées. Rappelons que les Italiens n'ont pas assez d'olives, et qu'ils en importent.

Environ 20% de la récolte annuelle grecque sont transformés en olives de table, cueillies à pleine maturité. On laisse fermenter les olives dans des cuves hermétiques, mais elles se décolorent pendant la fermentation. Pour pallier cela, on peut les aérer pendant quelques jours ou ajouter du gluconate ferreux afin de les noircir.

Les olives de table françaises sont réputées pour leur parfum frais et riche. Parmi les plus appréciées, on trouve les «olives cassées». On ouvre les olives juste cueillies en les frappant. Elles sont ensuite traitées à la soude caustique, lavées à plusieurs reprises et marinées dans une saumure aromatisée aux herbes. La chair cassée absorbe mieux les parfums. Chaque producteur tient sa recette secrète.

Les Californiens ont mis au point une technique pour cueillir les olives non mûres ou partiellement mûres. Ils les font noircir ensuite en les traitant avec une solution alcaline puis les aèrent. Cette phase se répète jusqu'à ce que les olives deviennent molles et noires. Elles sont ensuite chauffées et mises en conserve.

Variétés communes d'olives de table

Les olives Aragon, produites dans le nord de l'Espagne, sont très appréciées pour leur couleur noire comme du jais. Elles sont ovales, douces et brillantes.

Les olives Arbequin (utilisées aussi pour l'huilerie) viennent du sud de l'Espagne. Elles sont assez petites et ont une étonnante couleur marron-vert. On les vend souvent dans de l'huile aromatisée au thym et au romarin.

Les olives Cailletier (utilisées aussi pour l'huilerie) viennent des montagnes de Provence, dans l'arrière-pays niçois. On les appelle souvent « olives de Nice » ou « Niçoises ». Elles sont toutes petites et de teinte rougeâtre.

Les olives grecques Conservolea sont cueillies très mûres puis fermentent dans la saumure, dans des cuves hermétiques. Elles ont un goût et un parfum légèrement amers.

Les olives Gordal ou olives « royales » viennent de la région de Séville, dans le sud de l'Espagne. Elles sont grosses et charnues, avec un gros noyau. On les traite vertes ou noires.

Les olives Hojiblanca (utilisées aussi pour l'huilerie) viennent de Jaén et Cordoue, dans le sud de l'Espagne également. Elles sont plus fibreuses et moins savoureuses que certaines autres olives espagnoles.

Les olives Kalamata viennent de Kalamata dans le Péloponnèse, en Grèce. Elles sont assez grosses, juteuses et de couleur noire. Grâce à leur faible degré d'amertume, elles se traitent facilement. Elles sont incisées, puis lavées dans l'eau ou dans la saumure. On les laisse macérer ensuite pendant un ou deux jours dans du vinaigre de vin avant de les conditionner soit dans l'huile, dans la saumure, ou avec des herbes ou des morceaux de citron.

Les Lucquoises, ou olives de Lucques, viennent du Languedoc. Ces belles olives de table vertes avec un noyau oblong et pointu peuvent être préparées « à la picholine » ou en « olives cassées ».

Les olives Manzanilla viennent d'Andalousie. Fruits de l'olivier Manzanillo, très répandu aussi en Californie, ce sont les olives vertes espagnoles au goût le plus délicat.

Les olives Megaritki viennent de Grèce. Elles sont cueillies blettes, puis lavées et entassées dans du sel sec. Elles se ratatinent pour atteindre la taille d'un raisin sec. Elles sont salées mais pas amères.

Les olives Mission viennent de Californie. De taille moyenne, elles sont traitées à la soude, aérées puis mises en conserve.

Les olives Picholine viennent du Languedoc et de Provence. Ce sont de jolies petites olives fines et allongées. Elles tiennent leur nom de l'inventeur du procédé de salaison, M. Picholine. Cette technique consiste à conserver les olives vertes dans de la sciure fine des chênes qui poussent dans la garrigue alentour.

Les olives Salonenque viennent du sud de la France, de l'Aude ou de l'Hérault. Ce sont des olives vertes, en générales « cassées ».

Les olives Taggiasca viennent de Ligurie, dans le nord de l'Italie. Petites et noires, elles ressemblent aux olives françaises Cailletier.

Les olives Tanche (utilisées aussi pour l'huilerie) viennent de Nyons, au nord de la Provence. Ce furent les premières olives de table à recevoir une Appellation d'Origine Contrôlée. Elles sont noires et on les cueille légèrement blettes et ridées par les premières gelées.

COMMENT SERVIR LES OLIVES DE TABLE

Pour être commercialisées, les olives peuvent être conservées dans la saumure, le sel sec ou l'huile d'olive. Certaines olives sont farcies ou dénoyautées après traitement. D'autres sont aromatisées avec des herbes ou des épices. Elles peuvent aussi être hachées pour faire de la purée d'olive, de la tapenade ou de l'anchoïade.

Il n'existe aucun usage strictement défini pour servir les olives de table. Chaque région les offre à sa façon : avec un verre de vin, un apéritif ou une boisson plus corsée. Une sélection de tapas espagnoles serait incomplète sans deux ou trois variétés d'olives, il en va de même pour un repas grec. En France et en Italie, on sert une bonne assiette d'olives en guise d'amuse-gueule avant le repas.

Si vous aimez une variété d'olives spécifique qui n'est pas parfumée avec des herbes ou des épices, vous pouvez fabriquer votre propre mixture et y plonger vos olives, ou bien faire macérer des herbes, des olives et d'autres ingrédients dans de l'huile d'olive. Composez des brochettes-cocktail avec des olives fourrées, des croûtons, des dés de jambon ou de fromage.

Agrémentez des plats, comme la paëlla, d'une garniture d'olives. Mettez-en dans vos salades vertes à la mode grecque ou dans vos salades orangées à la mode espagnole. Arrosez vos ragoûts, vos légumes cuits à l'étouffée et vos pâtes d'un filet d'huile d'olive. Les possibilités sont inépuisables.

RÉPERTOIRE DES HUILES D'OLIVE

2

ABBO

« Choisissez cette huile d'olive vierge extra pour confectionner vos mayonnaises », nous dit Gianpaolo Abbo, neveu du fondateur de la société et maintenant dégustateur-chef. Il a mille fois raison : elle est délicieusement parfumée.

Secondo Abbo installa son moulin à huile en 1893 à Vintimille, sur la Riviera italienne, à proximité de la frontière française. C'était un personnage haut en couleur qui, juché sur son imposante bicyclette sillonnait inlassablement les routes de montagne pour faire prospérer ses affaires.

Depuis lors, l'entreprise s'est considérablement développée ; elle fait maintenant partie des prestigieux Mastri Oleari (association italienne d'oléiculteurs de renom). Ses usines sont implantées dans trois villes, mais les olives Taggiasca et Ogliarola sont toujours pressées à Vintimille. Si vous voulez voir les installations d'origine, allez-y au milieu de l'hiver, lorsque le moulin est en pleine activité. Aux autres périodes de l'année, vous vous contenterez des bureaux et de l'usine d'embouteillage ultramoderne de Saluzzo, dans le Piémont, à 100 kilomètres plus au nord.

N *Vintimille, Imperia, Ligurie (Italie)*

49 tonnes

★★ *Extrêmement bonne*

Non

Oui, sur rendez-vous

Abbo

Les olives de l'huile Abbo proviennent de plusieurs oliveraies situées sur les pentes abruptes de l'arrière-pays ligure. Elles sont cueillies à la main lorsqu'elles sont très mûres, ce qui donne à l'huile cette douceur particulière. Le moulin Abbo fonctionne encore souvent alors que les autres ont fermé leurs portes.

L'huile a un délicat arôme d'herbe avec une touche de pomme, une agréable saveur de noisette ; elle est légèrement à moyennement poivrée. Outre qu'elle est l'ingrédient d'une délicieuse mayonnaise, elle sert aussi à faire cuire les gâteaux et les biscuits.

Bruschetta aux Anchois

Égouttez les anchois conservés dans l'huile d'olive (50 g) et hachez-les dans un robot ménager. Ajoutez quatre gousses d'ail hachées ainsi que le jus d'un demi-citron. Très progressivement, ajoutez 20 cl d'huile d'olive vierge extra, en battant avec une fourchette ou au robot. Vous devez obtenir la consistance de la mayonnaise. Étalez cette crème sur des tranches de pain de campagne grillées et parsemez de moitiés d'olives noires. On peut aussi la servir comme une sauce.

Produits

Huile d'olive vierge extra

Olives dans la saumure
Olives à l'huile d'olive

Sauce au pistou, purée d'artichaut à l'huile d'olive et crème de chicorée à l'huile d'olive

AFFIORATO MANCIANTI

Cette merveilleuse huile d'olive vierge extra provient de la «première coulée» des olives broyées. On n'utilise pas de pressoir, l'huile coule directement de la pâte.

Trois sortes d'olives composent l'huile Affiorato : les Moraiolo, les Frantoio et les Raggiale. Elles sont cueillies à la main et broyées à la meule. L'Affiorato ressort de la pâte et remonte à la surface après le broyage et avant le pressurage.

C'est une huile douce et raffinée, dont le goût persiste délicieusement dans la bouche. Son arôme et sa saveur évoquent tous deux l'olive fraîche, la salade et le citron. Elle est très onctueuse, avec une nuance d'amertume poivrée qui précède un arrière-goût sucré.

PRODUITS

Huile d'olive vierge extra
Affiorato Mancianti
Huile d'olive vierge extra
San Feliciano
Huile d'olive vierge extra
Monte del Lago

Purée d'olives noires, avec ou sans piment

San Feliciano sul Trasimène, Pérouse, Ombrie (Italie)

3 000 litres d'Affiorato et 7 500 litres d'autres huiles vierges extra

★★★ *Excellente*

Non

Oui, sur rendez-vous

À L'Olivier

La croyance en les bienfaits de l'huile d'olive pour la santé n'est pas un phénomène du XXe siècle. Cette société, fondée en 1822, a toujours été fidèle à cette conviction.

À l'Olivier fut créée par M. Popelin, un pharmacien parisien, qui développa progressivement ses activités et devint le spécialiste français des huiles de qualité. En 1978, la société fut rachetée par Jean-Claude Blanvillain, un autre expert en huiles, et délocalisée en Provence. Installée dans la banlieue niçoise, elle est maintenant dirigée par M. Blanvillain et ses deux fils.

La société achète des huiles d'olive vierges extra de bonne qualité et les mélange afin d'obtenir un parfum constant chaque année. Les huiles sont simples, avec un bon parfum d'olive citronnée. Elles sont douces et peu poivrées, et on les utilise généralement pour la cuisine quotidienne.

N Nice, Provence (France)

300 000 litres

★★ Très bon

Non

Non

La boutique « À l'Olivier » en 1931.

PRODUITS

Huile d'olive vierge extra « Mère Goutte »
Huile d'olive vierge extra fruitée « Mère Goutte »
Huile d'olive aux feuilles de basilic frais

Olives de Provence

Tapenade d'olives vertes et noires

Poivrons rouges à l'huile d'olive

Moulin à huile

Alziari

~~~~~~~~

Ce moulin à huile, situé à Nice sur la Côte d'Azur, appartient à la famille Alziari depuis 1878. Il est spécialisé dans la fabrication des toutes petites olives Caillette ou Cailletier.

Ces olives, connues aussi sous le nom d'olives de Nice, figurent parmi les plus petites, et c'est uniquement leur parfum raffiné et très concentré qui les rend intéressantes à l'exploitation. Le moulin Alziari fabrique à la fois de l'huile et des olives de table.

Les oliveraies d'olives Cailletier sont plantées assez haut, sur les reliefs granitiques de l'arrière-pays niçois. Au moment de l'olivaison, on tend sur le sol des filets rouges à mailles fines qui servent à recueillir les olives, détachées de leurs branches grâce à des vibreurs électriques. Les olives sont ensuite pressées au moulin.

L'huile d'olive vierge extra Alziari exhale un arôme de citron frais mêlé de pomme et d'herbe coupée. Elle est légèrement poivrée.

Produits

Huile d'olive vierge extra

Olives de Nice
Olives vertes Picholine

Purées d'olives, tapenade et anchoïade

N *Bd de la Madeleine, Nice (France)*

Non connue

★★★ *Première catégorie*

Non

Oui

~~~~~~~~

Antinori

Laudemio et Peppoli

Le marquis Pietro Antinori est renommé pour son vin toscan, le Tignanello et pour son Chianti, mais ses propriétés produisent aussi de l'huile d'olive vierge extra de première catégorie.

L'histoire des Antinori recouvre 26 générations et peut se prévaloir de 600 ans d'agriculture à la fois traditionnelle et révolutionnaire. La famille est propriétaire d'un palais du XVe siècle au cœur de Florence, ainsi que de plusieurs domaines dans la région de Chianti, où sont fabriqués les huiles et les vins.

La quantité d'huile d'olive produite par les domaines Antinori a considérablement augmenté ces dernières années, bien que les gelées de 1985 aient occasionné des dommages quasi irréversibles. À partir de cette année-là, on a effectué des recherches sur les techniques de clonage censées augmenter la résistance au gel et sur de nouvelles méthodes de culture, maintenant en cours d'implantation. On espère que les arbres survivront mieux aux assauts du froid et que la production sera plus régulière.

Aujourd'hui, les 160 hectares produisent des olives Frantoio, Leccino et Moraiolo. Sur la propriété de Peppoli, près de San Casciano Val di Pesa, on compte 5 500 oliviers, dont certains ont survécu aux gelées et sont vieux de plusieurs centaines d'années.

Florence, Toscane (Italie)

3 500 btles de Laudemio,
7 500 btles de Peppoli

★★★ *Première catégorie*

Oui

Non

Les oliveraies qui dominent le domaine Peppoli.

On cultive aussi des olives sur les propriétés de Badia Passignano et Santa Cristina.

Les olives de ces trois propriétés sont mélangées pour donner l'huile Laudemio Tenuta Marchese Antinori. Elles sont broyées selon une méthode traditionnelle dans le pittoresque moulin à meule de pierre de Santa Cristina. L'huile Peppoli est fabriquée avec des olives cultivées sur la propriété du même nom. On utilise des vibreurs mécaniques pour faire tomber les olives dans les filets. L'huile est ensuite extraite par centrifugation à froid.

L'huile Laudemio a la fragrance de l'herbe fraîchement coupée, de la roquette et de l'oseille. Son parfum est riche, teinté d'olive fraîche et de noisette. Elle est abondamment poivrée, mais son arrière-goût est sucré.

L'huile d'olive vierge extra Peppoli possède une senteur aromatique de fines herbes et de salade coupée. Son parfum est un mélange complexe d'oseille, de cresson et de chicorée, avec beaucoup de poivre et un arrière-goût de noisette grillée. C'est une huile délicieusement fine.

Piero Antinori avec sa femme, Francesca.

Salade Antinori Panzanella

La recette de cette salade insolite vient de la Maison Antinori à Florence, où l'on peut goûter à la fois les huiles et les vins. Disposez sur une plaque de four du pain italien vieux d'un jour et grossièrement coupé en dés. Arrosez d'huile d'olive vierge extra (2 cuillerées à soupe). Faites griller les cubes de pain à four chaud pendant 8 à 10 minutes, en les retournant de temps en temps, jusqu'à ce qu'ils soient croustillants et légèrement dorés. Laissez refroidir et mélangez avec 4 grosses tomates coupées en morceaux, un petit oignon tranché, un gros bouquet de basilic frais, haché et 4 ou 5 feuilles de salade romaine. Battez ensemble 2 cuillerées à soupe de vinaigre de vin et 6 cuillerées à soupe d'huile d'olive vierge extra. Assaisonnez et versez ce mélange sur la salade. Remuez doucement et laissez reposer pendant 10 à 15 minutes avant de servir.

Pietro Isnardi

Ardoino et Isnardi

Vallaurea et Fructus

Établies de longue date en Ligurie, ces deux entreprises familiales se sont maintenant associées pour produire une gamme d'huiles d'olive vierges extra de prestigieuse renommée.

La famille Ardoino commença à fabriquer de l'huile d'olive à Pontedassio, près d'Imperia, aux environs de 1870. Ces oléiculteurs eurent l'idée de livrer l'huile à leurs clients par bateau, dans les ports de la côte ligure. Puis, dans l'entre-deux guerres, ils vendirent leur huile exclusivement en Amérique.

Après la Deuxième Guerre mondiale, Nanni Ardoino décida de fabriquer des huiles particulièrement fines, à l'intention d'une clientèle de connaisseurs. Aujourd'hui, il continue dans ce sens mais a cédé l'affaire à Pietro Isnardi, issu d'une famille qui a pour vocation de produire de l'huile depuis les années 1900.

La société possède toujours les vieux moulins, ainsi que de nouvelles installations dans les faubourgs d'Imperia. Les vieux pressoirs sont couplés à des machines modernes qui coupent la pâte d'olive au moyen de 5 000 lames, et extraient l'huile par tension superficielle.

- Pontedassio, Imperia, Ligurie (Italie)
- *Non connue*
- ★★ *Très bonne*
- *Oui*
- *Oui, sur rendez-vous*

L'huile Ardoino Vallaurea tient son nom de la haute vallée de l'Oneglia. C'est là que sont cultivées les olives Taggiasca qui servent à fabriquer cette huile. Les fruits sont cueillis à pleine maturité. La récolte peut s'étendre sur une durée étonnamment longue, de novembre à mai parfois.

Les cueilleurs armés de perches font tomber les olives dans des filets étalés à même le sol. Elles sont ensuite envoyées au moulin pour l'extraction de l'huile. L'huile Ardoino n'est jamais filtrée. Elle possède un arôme délicat de citron et d'amande (cette dernière note prédomine). Elle n'est pas du tout âpre et fort peu poivrée.

L'huile Ardoino Biancardo, l'une des plus rares au monde, est fabriquée en très petite quantité, lorsque la période de véraison des olives Taggiasca se prolonge jusqu'en avril-mai. On dit qu'elle est douce, avec un arrière-goût délicatement velouté.

L'huile Ardoino Fructus est un mélange d'huiles issues d'olives Taggiasca et d'une sélection d'autres olives méditerranéennes. Elle a un parfum à peine fruité, avec une note végétale et un arrière-goût poivré.

Produits

Huile d'olive vierge extra Ardoino Vallaurea
Huile d'olive vierge extra Ardoino Fructus
Huile d'olive vierge extra Ardoino Biancardo
Huile d'olive vierge extra Isnardi Sélection Spéciale

Olives de table en saumure, avec et sans noyau

Purée d'olives noires

Sauce au basilic (pistou)

Anchois à l'huile d'olive

Légumes et purées de légumes à l'huile d'olive

Tenuta di Castello di

ARGIANO

Ce domaine, près de Sant'Angelo in Colle au sud de la Toscane, appartient à une société de boissons multinationale, mais il est exploité localement, de Montalcino.

Le vieux manoir aux caves splendides est entouré de 10 hectares d'oliveraies et de 24 hectares de vignobles. Les oliviers donnent des olives Frantoio, qui prédominent, Leccino et Pendolino.

Les olives sont cueillies à la main, puis pressées dans une machine Sinolea, équipée de lames pour couper la pâte, et dont le système d'extraction repose sur la différence de tension superficielle entre l'huile et l'eau.

L'huile d'olive vierge extra Argiano possède un curieux arôme d'olive, d'herbe coupée et de noisette grillée. Son parfum est original car il oscille entre la verdure amère et la noisette, le chocolat et même le café. Elle est particulièrement poivrée, mais acquiert une douceur qui va s'intensifiant.

Sant'Angelo in Colle, Montalcino, Toscane (Italie)

3 000 litres

★★★ *Première catégorie*

Oui

Sur rendez-vous seulement

Fattoria Michelangelo

Aristeo

~~~~~~~~

D'après la légende, Aristée, le dieu de la terre et de ses fruits, introduisit l'olive dans la région de Bitonto au sud de l'Italie. La Fattoria Michelangelo a donné le nom de cette divinité à ses huiles vierges extra et à ses huiles aromatisées.

Cette huile est fabriquée avec les seules olives Coratina et Ogliarola, cultivées dans les oliveraies autour de Terlizzi, dans l'arrière-pays de Bari, au nord-ouest de Bitonto Bari dans les Pouilles. Les olives sont cueillies à la main et l'huile est extraite par centrifugation continue à froid. Elle n'est pas filtrée.

Cette huile, qui a gagné sont entrée dans le cercle des Mastri Oleari, présente un arôme soutenu et agréable de pomme et de citron, avec une nuance de noisette. Sa saveur est fraîche, gorgée d'amande, avec une touche d'herbe et de céleri. Elle est légèrement poivrée sur la fin. C'est une huile de qualité, qui peut être utilisée dans toutes les cuisines.

Produits

Huile d'olive vierge extra Aristeo

Huiles d'olive parfumées Aristeo

Capurso, Bari, Pouilles (Italie)

Non connue

★★ *Extrêmement bonne*

Non

Non
~~~~~~~~

ATHENA

C'est une des rares huiles d'olive vierges extra grecques fabriquées avec 100 % d'olives Kalamata. Elle a un goût caractéristique dépourvu de toute note sucrée.

Les olives de cette huile proviennent d'oliveraies comptant de 50 à 5 000 arbres, exploitées en petites coopératives dans les régions de Messinia et de Kalamata, au sud du Péloponnèse. L'altitude permet de restreindre le recours aux pesticides.

La récolte débute avant la maturité des olives, début ou mi-octobre dans les oliveraies irriguées et mi-novembre dans celles non irriguées. On utilise les deux techniques d'extraction traditionnelle et par centrifugation.

Cette huile a un léger arôme de noisette et de foin. Son goût est amer mais reste attrayant, avec son aigre parfum d'oseille. C'est une huile peu commune, tout à fait digne d'intérêt.

MARINADE POUR L'ESPADON OU LE THON

Faites mariner des steaks d'espadon ou de thon dans une bonne quantité d'huile d'olive vierge extra mélangée à 2 cuillerées à soupe de jus de citron vert et de jus de citron. Ajoutez de l'ail, de la ciboulette hachée, du sel et du poivre. Au bout d'une heure ou deux, enlevez les steaks de la marinade et faites-les frire ou griller.

Kalamata et Messinia (Grèce)

Non connue

★★ *Très bonne*

Non

Non

Azienda Agricola
AVIGNONESI

Trois domaines de Toscane, exploités par une seule famille, produisent cette huile d'olive vierge extra au délicat parfum de noisette.

Les frères Falvo, qui ont repris ces domaines en 1974, ont développé les activités oléifères et vinicoles. Le domaine Le Capessine à Valiano, près de Montepulciano, est le plus important. Tous les bâtiments, entourés de chênes centenaires, ont été restaurés, dont le *frantoio* ou moulin à huile. Il y a au total 2,5 hectares d'oliveraies.

I Pogetti, situé près d'Argiano et La Selva à Cortona, rajoutent 6 hectares supplémentaires d'oliveraies. La variété d'olives dominante est la Corregiolo qui donne 80 % de l'huile. Le reste est produit avec les Moraiolo (15 %) et les Leccino (5 %).

Les fruits sont cueillis à la main au mois de novembre, broyés à la meule et pressés au pressoir hydraulique. L'huile est ensuite stockée pendant trois ou quatre mois dans des jarres en terre cuite, et remisée dans le noir afin qu'elle s'y éclaircisse.

Cette huile dégage un léger arôme de pomme et de citron, avec une touche d'amande. Elle est plutôt douce. Son parfum est suave, avec une riche nuance de noisette, légèrement chocolatée. Elle est très peu poivrée.

N *Valiano, Montepulciano, Sienne, Toscane (Italie)*

4 000 litres

★★★ *Première catégorie*

Oui

Oui, sur rendez-vous

Badia a Coltibuono

Badia a Coltibuono et Badia Albereto

Située au cœur de la région de Chianti, cette propriété, dotée d'un vieux monastère, est le fleuron d'une entreprise familiale qui se consacre à l'huile d'olive, au vin et à la gastronomie.

Pietro Stucchi Prinetti est l'inspirateur de cette philosophie de la perfection qui imprègne le domaine, mais la famille entière s'est investie dans l'exploitation. Un des fils, œnologue, dirige le domaine, l'autre tient sur place un restaurant spécialisé dans la cuisine toscane. Sa fille est en charge du commercial et des relations publiques.

Lorenza de Medici, célèbre auteur de livres de cuisine et première femme de Pietro Stucchi Prinetti, a fondé une école hôtelière qui compte de nombreux étudiants désireux de connaître la gastronomie italienne.

Les superbes bâtiments du vieux monastère.

- *Gaiole in Chianti (Italie)*
- *12 500 litres*
- ★★★ *Première catégorie*
- *Oui*
- *Oui, sur rendez-vous seulement, en groupe*

Pietor Strucchi Prinetti et sa famille.

Badia a Coltibuono est située sur les collines de Chianti près de Gaiole-in-Chianti, à mi-chemin entre Florence et Sienne. Les oliveraies donnent 70% d'olives Frantoio, 20% de Leccino et 10% de Pendolino. La récolte est précoce, selon la coutume de cette région de Toscane. Les olives sont cueillies à la main et pressées de manière traditionnelle. L'huile est ensuite filtrée avec de la ouate.

L'huile d'olive vierge extra Badia a Coltibuono possède un arôme délicatement fruité d'herbe coupée et de pomme râpée. Son parfum est également fruité, avec une très agréable touche de noisette qui s'intensifie avec l'âge. Elle est très poivrée, sans âpreté aucune.

L'huile d'olive vierge extra Badia Albereto présente un arôme d'herbe coupée plus fort et de salade douce-amère aussi. Son parfum se distingue par une amertume caractéristique avec une nuance très poivrée, mais l'arrière-goût est sucré. C'est une huile fort intéressante.

PINZIMONIO

D'après les Toscans, c'est ce plat italien qui a inspiré la salade de crudités française! Choisissez un assortiment de légumes crus, comprenant par exemple du fenouil, des radis, de la chicorée, des tomates, des cœurs d'artichaut, des poivrons rouges, du concombre, du céleri et des carottes. Nettoyez-les et coupez-les en lamelles ou en dés, et servez-les avec un grand bol d'huile d'olive vierge extra bien parfumée et du sel. Donnez à chacun une assiette et une coupelle, afin que les convives fassent leur propre mélange en ajoutant du poivre et du vinaigre à volonté.

Abasa

BAENA

Campoliva

Une garantie d'origine figure sur chaque bouteille ou bidon d'huile d'olive vierge extra qui quitte Abasa.

Baena est située dans la province de Cordoue. Les oliveraies s'étendent sur 40 000 hectares, mais l'huile est envoyée dans de grandes coopératives ou des établissements tels que celui d'Abasa pour la commercialisation. Les principales variétés d'olives sont la Picual, la Picudo et l'Hojiblanca. Oliveraies et Moulins sont enregistrés auprès du Conseil de Contrôle Qualité espagnol. L'huile pressée doit être analysée et goûtée. C'est alors seulement qu'elle obtiendra le label d'huile D.O.C.

L'huile Baena a un arôme frais d'herbe et de citron avec une touche de melon. Sucrée, elle présente un léger arrière-goût poivré. Pour tout type de cuisine.

PRODUITS

Huile d'olive vierge extra Baena D.O.C.
Huile d'olive vierge extra Campoliva
Huile d'olive vierge extra Olivaena
Huile d'olive vierge extra Guadoliva

Cordoue (Espagne)
1 500 tonnes
★★ *Extrêmement bonne*
Non
Non

Fattoria

Baggiolino

Laudemio et Baggiolo

~~~~~~~~~

Ces deux huiles d'olive vierges extra toscanes, typiquement vertes et poivrées, doivent leur qualité aux efforts d'Ellen Fantoni Sellon et de ses deux filles, qui exploitent la propriété avec l'aide d'Andrea Paoli.

La famille Fantoni Sellon, qui a acheté ce terrain au domaine Casignano dans les années 1950, l'a transformé en une prospère exploitation.

Une vingtaine d'hectares d'oliveraies sont plantées autour des vignobles. La propriété, qui se niche dans les collines près de Florence, comprend aussi 80 hectares de forêts qui encerclent presque la surface cultivée. On trouve donc là un excellent microclimat, tempéré et sec.

Un dicton italien prétend que pour avoir de la bonne huile il faut les trois S : «secco, sasso e sole», ce qui signifie un climat sec, une bonne terre et du soleil. La terre est riche en argile et en marne : Ellen Fantoni Sellon est persuadée que cela contribue à donner un goût caractéristique à ses huiles.

- *La Romola, Florence, Toscane (Italie)*
- *5,5 tonnes*
- ★★★ *Excellente*
- *Oui*
- *Sur rendez-vous uniquement*
~~~~~~~~~

Les deux huiles sont issues d'un mélange composé de 65% de Frantoio, 15% de Moraiolo, 10% de Leccino et 10% de Pendolino et Morchiaio. Les fruits sont cueillis entre le 1er novembre et le 15 décembre. L'huile est extraite selon le système de centrifugation à froid.

L'huile d'olive vierge extra Baggiolo est très verte, avec un arôme de salade et de pommes mêlé d'oseille. Son parfum est végétal, teinté de noisette et de salade. Elle est assez poivrée mais son arrière-goût est discrètement sucré.

L'huile d'olive vierge extra Laudemio Baggiolino est encore plus verte, avec de l'amande, de l'oseille et un mélange d'autres salades sauvages. Le parfum aussi est caractéristique : poivré et sucré sur la fin. Le caractère poivré de cette huile s'adoucit au bout d'un certain temps.

HARICOTS BLANCS À L'HUILE D'OLIVE

Faites cuire des haricots blancs jusqu'à ce qu'ils soient tendres. Égouttez-les bien et mélangez-les avec du persil frais haché et un peu d'ail. Assaisonnez et remuez délicatement. Arrosez d'une bonne quantité d'huile d'olive vierge extra bien parfumée et servez avec de la viande grillée.

Azienda di

BARTOLINI

Cette propriété d'Ombrie appartient à la famille Bartolini depuis 1850. Grâce à des efforts ininterrompus en vue d'augmenter la qualité de sa production, l'huile d'olive vierge extra de cette exploitation a été primée à maintes reprises.

Situées près de Valnerina, dans la province de Terni, les oliveraies produisent des olives Moraiolo principalement, ainsi que des Frantoio et Leccino. Les fruits sont cueillis à la main et l'huile est extraite par centrifugation à froid.

L'huile d'olive vierge extra Bartolini présente un riche arôme de noisette, avec une touche d'œuf, d'épices et de citron. Le parfum est complexe, avec des nuances de noisette grillée et de café qui oscillent vers le poivre fort et la salade amère. Son arrière-goût est sucré, avec un soupçon de noisette. C'est une huile intéressante pour tout type de cuisine.

BRUSCHETTA AUX TOMATES

Faites griller d'épaisses tranches de pain de campagne. Recouvrez de tranches de tomate et passez au gril. Saupoudrez de sel et nappez d'un filet d'huile d'olive vierge extra. Parsemez de feuilles de basilic.

Valnerina, Terni, Ombrie (Italie)

2-3 tonnes

★★★ *Première catégorie*

Non

Oui

Oleificio
BORELLI

Fondée en 1984, cette société relativement jeune tient un bon rang dans le secteur de la production, avec des succursales aux États-Unis, au Canada et en France.

Borelli propose des huiles spéciales de Ligurie et de Toscane ainsi qu'une huile d'olive vierge extra de marque Borelli.

L'huile d'olive vierge extra de Ligurie est issue d'olives Taggiasca provenant de fermes situées autour de Borgomaro, dans la vallée d'Imperia.

L'huile d'olive vierge extra Taggiasca de Borelli a un léger arôme de pomme et un goût sucré, avec une touche de noisette. Peu poivrée, c'est une huile simple mais attrayante.

L'huile d'olive vierge extra de Toscane est issue d'un mélange composé de 65 % d'olives Frantoio, 25 % de Leccino et 10 % de Moraiolo cultivées autour de Pieve et d'Elici, près de Lucca. Les fruits sont récoltés en décembre et janvier et pressés à la façon traditionnelle.

L'huile d'olive vierge extra de marque Borelli a un arôme doux et citronné, et une saveur végétale qui s'exprime le mieux quand l'huile est fraîche. Cette huile est très riche sans être trop poivrée.

Imperia, Ligurie (Italie)

38 000 litres

Bonne à très bonne

Non

Sur rendez-vous seulement

Aceites
Borges

Cette société, qui figure actuellement au rang des plus grands producteurs d'huile d'olive espagnols, est néanmoins restée 100 % catalane et 100 % familiale.

La société Borges fut fondée en 1896 par Antonio Pont Pont. Trois générations plus tard, elle commercialise les deux mêmes produits qu'à ses débuts : l'huile d'olive et les amandes.

Les olives des huiles Borges proviennent des nombreuses oliveraies plantées sur les collines et dans les vallées de Catalogne, au nord-est de l'Espagne. Elles donnent une huile d'olive vierge extra à l'arôme intense de melon et de fruit de la passion, avec des nuances d'œuf. Son parfum est doux, moins fruité que ne le laisse présager son arôme. Son arrière-goût est assez amer et très poivré.

C'est une huile sans surprise, qui accompagne volontiers les mets relevés. Servez-la avec du gazpacho, de la chicorée, du cresson et des viandes grillées.

Tarrega, Catalogne (Espagne)

Non connue

★★ *Très bonne*

Non

Non

Azienda Agricola Fratelli

BOTTARELLI

~~~~~~~~~

Sur les rives du lac de Garde, en Italie, non moins de trois générations ont apporté leur expérience pour produire cette huile d'olive vierge extra délicatement fruitée.

La famille Bottarelli cultive ses olives et ses vignobles sur les collines autour de Polpenazze del Garda, en Lombardie. Monsieur Bottarelli père s'occupe des vins, ses deux fils se chargent des olives et de la commercialisation des produits de l'exploitation.

Les principales variétés d'olives sont les Easaliva et les Leccino. Le mélange des deux donne une huile d'olive fraîche et fruitée, avec des notes de citron et de pomme, aussi bien pour son arôme que pour son parfum. C'est une huile agréable et peu exigeante qui peut, en vieillissant, prendre un goût de noisette et de terre.

Elle n'est pas très poivrée, et peut s'utiliser dans presque toutes les cuisines. Elle est particulièrement succulente sur des filets de poisson frits ou sur des tranches de polenta garnies d'un œuf miroir.

Polpenazze del Garda, Brescia, Lombardie (Italie)

De 1 200 à 3 000 litres

★★ *Très bonne*

Oui

Oui, sur rendez-vous
~~~~~~~~~

Coop. Agricola Brisighellese

BRISIGHELLA

Les oliveraies plantées tout autour de la magnifique ville historique de Brisighella, dans les Appennins, fournissent les olives qui servent à élaborer cette huile.

La coopérative de Brisighella fut créée en 1972 afin de préserver l'excellente qualité de la production locale. Depuis 1975, chaque bouteille porte un numéro de série à la sortie du moulin ainsi qu'une garantie, de telle sorte que l'on puisse déterminer la cause d'une quelconque imperfection. La coopérative fait maintenant partie de la prestigieuse association des Mastri Oleari.

Brisighella est située dans la vallée de Lamone en Emilie Romagne, sur la route panoramique reliant Faenza à Florence, sur le versant est des montagnes. Les oliviers y prospèrent car ils reçoivent beaucoup de soleil tout en étant protégés des vents du nord. Les oléiculteurs cultivent une ancienne variété régionale d'olives appelée Nostrana, qui signifie littéralement « local » en italien.

La récolte débute fin octobre pour s'achever en décembre. Les olives sont cueillies à la main et pressées de façon artisanale. On laisse décanter l'huile naturellement jusqu'en janvier, puis on sélectionne la meilleure huile, qui recevra l'appellation « Brisighella ».

Cette huile a un arôme très frais d'herbe et de pomme, teinté de chocolat aux noisettes. Son parfum, nuancé de noisette, est très fruité et poivré, et son arrière-goût, léger et sucré.

Brisighella, Émilie-Romagne (Italie)

30 tonnes

★★★ *Excellente*

Oui

Oui

Olive Oil and Land Company
CALAVERAS

~~~~~~~~

Ed Rich, président de Calaveras, est l'un de ces nouveaux pionniers californiens de l'huile d'olive, mais ses propres oliveraies ne produiront encore pas de fruits avant un an ou deux.

En attendant, Ed Rich achète les meilleures olives de la région pour fabriquer sa gamme d'huiles. Elles sont pressées et embouteillées à la propriété Golden Eagle, dans la région de Portersville en Californie.

Cette année, la société a produit plusieurs variétés d'huiles d'olive vierges extra Calaveras. La plus intéressante est la Motherlode Blend, fabriquée avec des olives Mission, Manzanillo, Picholine et Navidillo qui proviennent de deux petites oliveraies près de Copperopolis. Son arôme est frais, avec une note de peau de pomme et d'herbe. Son parfum est fruité, avec une touche d'amande, et moyennement poivré. Il s'atténue en fond de bouche mais reste néanmoins très bon.

La société Calaveras est installée dans un vieux ranch près de Copperopolis. Les nouvelles oliveraies ont été plantées dans les Sierra Foothills, une région qui produisait jadis des olives de table en grande quantité. Ed Rich est convaincu que l'avenir n'est pas de replanter les vieilles variétés d'olives californiennes, mais d'utiliser les variétés italiennes, grecques et françaises. Il a déjà planté un demi-millier d'arbres (Frantoio, Leccino, Kalamata et San Felicia) et prévoit d'en rajouter.

Copperopolis, Californie (États-Unis)

3 800 litres

★★ *Très bonne*

Non

Oui
~~~~~~~~

Tenuta di

CAPEZZANA

Le comte Bonacossi et sa famille exploitent cette superbe propriété sur les collines de Carmignano. Ils produisent de l'huile d'olive vierge extra et des vins renommés dans le monde entier.

Le plus vieux document écrit sur Capezzana date du temps de Charlemagne et stipule que la propriété était louée avec des vignobles et des oliveraies. Après de nombreux propriétaires, elle revint en héritage à la famille Bonacossi au début du XXe siècle.

La campagne est vallonnée, avec un charmant mélange d'oliveraies, de vignobles, d'arbres et de petits champs. Les olives de l'huile Capezzana sont cultivées sur la propriété ; ce qui n'a pas toujours été évident car la région est sujette aux gelées, susceptibles d'endommager sévèrement, voire de tuer certains arbres.

L'huile est fabriquée à partir de 25 % d'olives Moraiolo, 30 % de Frantoio, 15 % de Pendolino et 10 % de Leccino (ces proportions peuvent varier d'une année à l'autre). Les olives, cueillies à la main avec un peigne, tombent dans des filets ; elles sont ensuite broyées à la meule de pierre. L'extraction de l'huile s'effectue par centrifugation ce traitement semi-artisanal se pratique beaucoup en Toscane.

L'huile présente un arôme léger et frais de pomme, d'herbe et de feuille. Son goût est délicatement sucré, avec un parfum qui évoque la salade. Elle est très relevée, mais son arrière-goût est doux et subtil.

Carmignano, Florence, Toscane (Italie)

Non connue

★★★ *Excellente*

Oui

Oui, sur rendez-vous

Carapelli

Oro Verde

Carapelli est la plus grande marque d'huile d'olive italienne. Cette société produit environ 46 millions de litres par an dans ses nouvelles usines, situées sur les hauteurs de la Toscane, à quelques kilomètres au sud de Florence.

L'entreprise créée par Constantino Carapelli en 1893 vendait à l'origine des céréales et de l'huile. Avec les années, elle s'est spécialisée dans l'huile mais produit aussi des dérivés de l'olive.

L'huile d'olive vierge extra Carapelli Oro Verde est une huile simple, à l'arôme et au parfum d'herbe. Une touche d'oseille s'immisce dans l'arrière-goût. Elle est assez poivrée.

Utilisez-la dans les sauces de salade, avec du vinaigre de vin et de la moutarde, dans des marinades pour les travers de porc ou le poulet grillés au barbecue, ou pour les rôtis de bœuf et d'agneau.

Tavarnelle Val di Pesa, Toscane (Italie)

46 millions de litres

★ *Bonne*

Oui

Oui, sur rendez-vous

Aceites

CARBONELL

Fondé par Antonio Carbonell en 1866, ce géant de l'huile espagnole fournissait autrefois en huile d'olive les vaisseaux de l'Amirauté britannique. Aujourd'hui, il vend ses huiles dans le monde entier.

La société Carbonell produit systématiquement une huile d'olive vierge extra de bonne qualité. Elle mélange des huiles de Cordoue et de Jaén en Andalousie pour obtenir une huile typique de la région. Les variétés d'olives locales sont l'Arbequina, l'Hojiblanca, la Picual et la Picudo. Elles sont cueillies à la main (vers la mi-décembre), puis pressées par centrifugation à froid.

L'huile d'olive vierge extra Carbonell a un arôme doux et fruité de citron, de melon, de pomme et d'herbe. Son parfum n'est pas aussi intense, mais il est ardent et fruité, avec une touche de litchi. Peu ou moyennement poivrée, cette huile est d'utilisation aisée. Achetez l'huile de la saison, au printemps, quand ses qualités s'expriment le mieux.

PRODUITS

Huile d'olive vierge extra
Huile d'olive vierge extra sélection spéciale

Olives vertes et noires

- *Cordoue (Espagne)*
- *113 tonnes*
- ★★ *Extrêmement bonne*
- *Non*
- *Sur rendez-vous seulement*

Stefano
CAROLI
Monte del Duca et Monte Trazzonara

Cette prospère société des Pouilles propose une sélection de quatre huiles d'olive vierges extra, dont chacune possède une nature caractéristique.

Basée à Martina Franca, au centre de la région vallonnée qui constitue le talon de la botte italienne, cette société extrait son huile d'olives cultivées dans une oliveraie de 22 hectares, auxquelles s'ajoutent des olives provenant des régions avoisinantes. Les proportions du mélange sont tenues secrètes.

Les olives sont récoltées à la main : on secoue les branches de l'arbre, et les olives sont recueillies dans un filet. La cueillette se termine à la fin décembre. L'huile d'olive vierge extra de la société Caroli est obtenue par centrifugation continue. Cette huile, d'une âpreté savoureuse, présente un agréable arôme fruité évoquant la pomme râpée, mais sa saveur est celle de l'herbe et de la noisette. Elle est fortement poivrée.

L'huile Caroli Monte del Duca possède les mêmes parfums agréables de pomme et d'herbe

C/da Trazzonara, Martina Franca (Italie)

25 000 litres avec les olives produites par la société + 480 000 litres avec des olives achetées à d'autres producteurs

★★ *Extrêmement bonne*

Non

Oui

que l'huile Caroli « ordinaire », mais elle est cependant plus douce et plus fine. Son parfum est riche et fruité sans être âpre, et l'arrière-goût poivré est moins affirmé. Cette huile est fabriquée selon la technique artisanale.

Il en va de même pour les huiles Masseria Monte Trazzonara et Antica Fattoria Caroli. L'huile Monte Trazzonara est une huile fort intéressante, qui offre un léger arôme de noisettes, de pomme et de tomate mais, en bouche, elle présente un fort goût de noisette, presque de chocolat, avec une note astringente légèrement poivrée évoquant la chicorée ou le cresson. L'huile Antica Fattoria Caroli, plus foncée, se caractérise par un goût de noisette plus affirmé, mais elle n'a pas la finesse de la Monte Trazzonara.

CÔTELETTES D'AGNEAU AUX ARTICHAUTS ET AUX POMMES SAUTÉES

Dégraissez les côtelettes et farinez-les légèrement. Versez 10 cl d'huile d'olive vierge extra dans une poêle et faites frire les côtelettes de chaque côté, jusqu'à ce qu'elles soient dorées et à votre goût. Réservez au chaud. Faites revenir 1 gousse d'ail émincée dans le reste d'huile, puis faites dorer des pommes de terre nouvelles, cuites et coupées en rondelles, ainsi que des cœurs d'artichauts. Disposez les légumes sur des assiettes avec les côtelettes et servez immédiatement.

PRODUITS

Huile d'olive vierge extra Monte del Duca
Huile d'olive vierge extra Monte Trazzonara
Huile d'olive vierge extra Antica Fattoria Caroli
Huile d'olive vierge extra Caroli
Huiles d'olive vierges extra parfumées : truffe, piment, poivron, ail, romarin, champignon, origan, basilic et sauge

Casino di Caprifico

Cette huile d'olive vierge extra biologique provient des Abruzzes, sur la côte adriatique de l'Italie.

Les exploitations de Giacomo Santoleri se situent autour de Chieti, dans l'arrière-pays de Pescara. Il se consacre à la production d'huile d'olive et de blé biologiques. Ses oliveraies sont plantées sur les collines de Guardiagrelle. Il cultive des olives Leccino, Gentile di Chietei et Intosso, sélectionnées avec soin et pressées de manière artisanale. L'huile n'est pas filtrée.

C'est une huile douce, avec un léger arôme d'herbe. Elle possède un goût suave et velouté, un parfum d'œuf qui prend des nuances d'herbe et devient poivré en fond de bouche. Cette huile peut accompagner toutes sortes de plats, même si le producteur recommande de l'utiliser avec les pâtes.

Tagliatelles à la chicorée et à la ricotta

Mélangez 400 g de ricotta avec 6 cuillerées à soupe d'huile d'olive. Battez jusqu'à ce que le mélange soit onctueux. Faites cuire des tagliatelles fraîches dans l'eau bouillante jusqu'à ce qu'elles soient tendres. Égouttez et ajoutez 2 cuillerées à soupe d'eau de cuisson, une bonne poignée de chicorée grossièrement coupée et un peu d'huile d'olive. Servez en garnissant avec le mélange de ricotta.

Chieti, Abruzzes (Italie)

2 000 bouteilles

★★ *Extrêmement bonne*

Non

Oui, sur rendez-vous

Castello di Ama

Cette propriété proche de Sienne, au sud de la Toscane, possède 50 hectares d'oliveraies qui produisent une excellente huile d'olive vierge.

Les oliveraies mêlées aux bois et aux vignobles qui composent le paysage de Gaiole in Chianti. Les arbres sont encore convalescents à la suite des gelées de 1985, mais la production augmente.

Les olives, cueillies à la main entre début novembre et mi-décembre, sont broyées et pressées selon la méthode traditionnelle, et on laisse reposer l'huile sans la filtrer. Celle-ci est élaborée avec 60 % d'olives Correggiolo (variété locale de Frantoio), 20 % de Moraiolo et 20 % de Leccino.

L'huile possède un arôme vif très agréable, nuancé d'œuf. Son parfum évoque la noisette, avec une touche de chocolat et de poivre doux. Riche et douce, elle est excellente avec du pain ou des légumes. La Signora Lorenza Sebasti recommande d'en mettre sur la ribollita.

Vue aérienne d'une propriété toscane.

Gaiole in Chainti, Sienne, Toscane (Italie)

6,5 tonnes

★★★ *Excellente*

Oui

Sur rendez-vous seulement

Castello Banfi

Lauréate du Leone d'Oro *à Vérone, cette excellente huile d'olive vierge extra est fabriquée par une propriété vinicole familiale de Toscane.*

Les oliveraies, plantées sur les collines du domaine Castello Banfi (au sud de la Toscane), s'étendent sur 140 hectares. Elles produisent des olives Frantoio, Correggiolo, Olivastra et Moraiolo.

Les fruits sont cueillis à la main fin novembre et début décembre et transformés par centrifugation à froid. L'huile obtenue a un arôme de peau de pomme, d'herbe et de feuille de salade. Son parfum est riche, avec un arrière-goût doux-amer de chicorée et d'oseille. La note poivrée est très présente, mais cette huile laisse une impression générale douce et fruitée.

Cette huile convient particulièrement aux salades de légumes grillés. Émincez des aubergines, des poivrons jaunes, des courgettes et des tomates. Faites-les griller jusqu'à ce qu'ils aient une belle couleur dorée et arrosez d'huile.

Montalcino, Toscane (Italie)

20 000 litres

★★★ *Excellente*

Oui

Sur rendez-vous seulement

Castello Vicchiomaggio

Les origines de ce domaine sont millénaires : rien de surprenant donc à ce qu'il produise une catégorie d'huile d'olive vierge extra typiquement toscane.

Le Castello Vicchiomaggio s'appela d'abord Castello Longobardi et ne prit son nom actuel qu'à la Renaissance (on y célébra alors les fêtes du mois de mai, *maggio* en italien). Aujourd'hui, la propriété appartient à John Matta, mais c'est Pier Paolo Brandani qui est en charge de la culture des olives ; il succède ainsi à son père qui occupait cette fonction avant lui.

Dans cette région du monde, les oliviers sont plutôt petits, à tel point que les olives d'un seul arbre ne donnent qu'un litre d'huile. La production est faible mais de qualité. L'huile présente une senteur végétale typique, avec une touche de pomme et de salade. Son goût oscille entre le chocolat

La magnifique demeure de la propriété Vicchiomaggio.

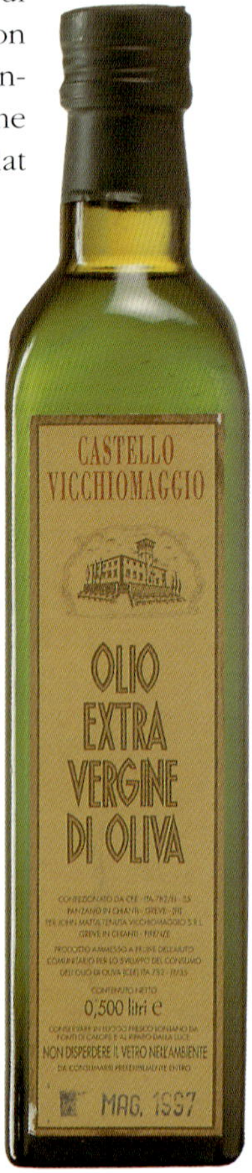

Greve in Chianti, Toscane (Italie)

7 000 litres

★★★ *Première catégorie*

Oui

Oui

Les oliveraies en contrebas de la villa.

amer et la chicorée, l'oseille et le cresson. Elle est aussi très poivrée. Certaines personnes raffoleront de son caractère particulier, d'autres préféreront une huile à la saveur un peu moins prononcée.

Pendant toute l'année, vous avez la possibilité de déguster l'huile sur place, ainsi que le vin. Le domaine est situé dans la campagne toscane, à Greve in Chianti, à égale distance de Florence et de Sienne. Vous pouvez aussi réserver une table au restaurant de la propriété entre Pâques et la Toussaint, ou louer un appartement et goûter au mode de vie toscan.

Colonna

Au domaine Colonna, dans le sud de l'Italie centrale, l'huile fait l'objet d'une attention constante à tous les stades de sa fabrication. Elle est d'excellente qualité.

Le domaine Colonna, à Molise, au sud de Rome, appartenait au prince Francesco Colonna ; il est maintenant exploité par sa fille Marina Colonna. L'olivier est une des principales cultures ici ; à l'inverse des autres grandes propriétés productrices d'huile, on ne voit de raisin nulle part.

Les oliveraies sont plantées dans une région montagneuse, près de la petite ville de San Martino. Plusieurs variétés d'olives sont cultivées, dont les Coratina, les Leccino, les Ascolano, les Nocellara et les Peranzana. On essaie aussi d'introduire les olives grecques Kalamata.

Le secret de la qualité constante de l'huile d'olive vierge extra Colonna réside dans la séparation des différentes variétés d'olives lors de la récolte, du broyage et du pressurage. Elles sont ensuite mélangées pour donner une

Oliviers de la propriété Colonna.

Bosco Pontoni, San Martino, Molise (Italie)

30 000 litres

★★★ *Excellente*

Non

Oui, sur rendez-vous

La magnifique villa Colonna.

huile également excellente d'une année sur l'autre. La cueillette commence à la mi-octobre et continue jusqu'en décembre. La plupart des olives sont récoltées mécaniquement, avant leur pleine maturité. Elles sont toujours traitées dans les 24 heures.

Une fois broyées et réduites en pâte, les olives sont pressées dans un pressoir spécial qui n'utilise ni la chaleur ni la pression, mais exploite la différence de tension superficielle entre l'huile et l'eau. La pâte d'olive, transférée dans une machine Sineola, est brassée par des pales tournantes en acier inoxydable. Par capillarité, l'huile adhère à la surface des pales ; elle est ensuite canalisée vers l'extérieur. On obtient ainsi une huile d'une exceptionnelle pureté.

L'huile d'olive vierge extra Colonna possède un arôme frais et persistant, avec une forte senteur d'olive fraîche, et des touches de peau de tomate, de citron et de pomme sauvage. Elle présente un goût d'herbe qui va s'atténuant, ainsi qu'une note poivrée. On cite souvent l'huile Colonna lorsque l'on fait référence aux huiles du sud de l'Italie, mais d'une certaine façon, sa nature est plus toscane. Elle a certainement un goût plus « vert » que les autres huiles du Sud.

L'huile d'olive vierge extra Granverde, parfumée au citron, était naguère destinée à une consommation familiale. Devenue si réputée, des milliers de litres sont désormais commercialisés par an. On ajoute aux olives une certaine quantité de citrons frais, non traités, avant le broyage, ce qui donne à l'huile un intense parfum de citron.

Les huiles Mandarino (parfumée à la mandarine) et Arancio (parfumée à l'orange) sont récemment venues compléter la gamme. Elles aussi possèdent un parfum très intense.

Le domaine Colonna produit aussi des olives de table de première catégorie. Les grosses Bella Cerignola, croquantes et fraîches au goût, sont conservées dans la saumure. Les Coratina, petites et épicées, sont traitées différemment : elles sont brossées à l'huile et conservées avec du piment. Elles sont assez relevées.

SAUCE DE SALADE AU CITRON

Mélangez du vinaigre balsamique de bonne qualité avec de l'huile d'olive parfumée au citron, du sel et du poivre. Cette sauce assaisonnera à merveille une salade verte.

PRODUITS

Huile d'olive vierge extra Colonna
Huile d'olive vierge extra Colonna Granverde parfumée au citron
Huile d'olive vierge extra Colonna Mandarino parfumée à la mandarine
Huile d'olive vierge extra Colonna Arancio parfumée à l'orange

Grosses olives de table vertes
Olives de table noires épicées

Columela

Cette variété espagnole d'huiles d'olive vierges extra tient son nom du sage andalou, agriculteur de son état, qui vivait à Rome au Ier siècle de l'ère chrétienne.

Lucio Julio Moderato Columela écrivit un traité sur les olives et l'agriculture, qui passait en revue tous les aspects de la production. Curieusement, peu de choses ont changé depuis cette époque. Les principes sont identiques, même si le matériel s'est évidemment modernisé.

Les huiles Columela sont fabriquées au sud de l'Espagne, avec des olives Picual ou Hojiblanca, ou un mélange des deux variétés.

L'huile d'olive vierge extra Columela présente un arôme frais de citron, de melon et de fruit tropical. Son parfum est fruité, avec une touche d'amande épicée et une note très poivrée qui devient fruitée en fond de bouche.

L'huile d'olive vierge extra faite avec les olives Picual possède un arôme plus léger de melon et d'amande, ainsi qu'une délicate saveur de noisette, modérément poivrée. Son parfum est complexe, avec une touche de chocolat qui domine la noisette et, en fond de bouche, une douce saveur fruitée.

L'huile faite avec les olives Hojiblanca est douce et moins définie que la Picual, avec des parfums fruités simples. Elle est moyennement poivrée.

N *Cordoue (Espagne)*

Non connue

★★★ *Première catégorie*

Non

Non

Les Frères Katsouris

CYPRESSA ET ELEANTHOS

~~~~~~~~~

Les frères Katsouris commencèrent à faire expédier de l'huile d'olive de Grèce après avoir été privés des oliveraies familiales situées à Chypre.

Cypressa est la marque de l'huile d'olive vierge extra fabriquée avec les olives Kalamata, cultivées dans la région de Lakonia, au sud de la Grèce. Les fruits, cueillis à la main entre octobre et janvier, sont ensuite pressés par centrifugation à froid. L'huile possède un arôme de feuille coupée et de noisette qui se retrouve dans son parfum, plutôt poivré avec un subtil arrière-goût de noisette.

La deuxième huile importée de Grèce est l'Elanthos. Cette huile d'olive vierge extra présente un arôme agréable d'herbe coupée et de feuille de salade, avec une touche de noisette. Son parfum est assez complexe, avec un mélange d'herbe coupée et de noisette grillée. Elle est moyennement poivrée, avec un excellent arrière-goût de noisette, teinté d'oseille douce-amère.

PRODUITS

Huile d'olive vierge extra

Olives vertes « cassées » marinées dans l'huile d'olive, le citron et les herbes

Londres (Grande-Bretagne)

Non connue

★★ *Très bonne à extrêmement bonne*

Non

Non
~~~~~~~~~

Huile d'olive grecque et biscuits aux noisettes

Mélangez 10 cl d'huile d'olive vierge extra avec 5 cuillerées à soupe de sucre en poudre, le jus d'une orange et un peu de cognac. Ajoutez à cette préparation 200 g de farine et 50 g de noisettes moulues, ainsi qu'une demie cuillerée à café de cannelle. Remuez pour obtenir une pâte ferme mais moelleuse, en ajoutant de l'eau si nécessaire. Formez des petites galettes plates et faites cuire à four moyen pendant 15 à 20 minutes, jusqu'à ce qu'elles soient bien dorées.

Fattoria
Dell'Ugo

~~~~~~~~~

La famille Amici Grossi exploite les propriétés Dell'Ugo à Tavernelle Val de Pesa depuis six générations.

Sur cette propriété, située au centre de la Toscane, à mi-chemin entre Florence et Sienne, la variété d'olives prédominante est la Frantoiano. Elle représente 80% du mélange : les Leccino et les Morellino viennent en complément. Les olives sont cueillies à la main en novembre et pressées artisanalement au moulin du village. L'huile est ensuite stockée au sous-sol, dans des cuves.

L'huile d'olive vierge extra Dell'Ugo possède la fraîcheur de la pomme, avec un arôme d'herbe coupée et de noisette. Son goût fruité évoque l'aveline, elle est teintée d'une riche amertume, poivrée sur la fin. Servez-la à la toscane, comme une sauce, pour tremper les croûtons de pain ou pour assaisonner des légumes cuits tels que haricots verts, cœurs d'artichaut ou brocolis aux amandes.

La villa de la propriété Dell'Ugo.

Tavernelle Val De Pesa, Toscane (Italie)

19 tonnes

★★ *Extrêmement bonne*

Oui

Oui, sur rendez-vous
~~~~~~~~~

Azienda Agricola Acconia

DONNAVASCIA ET FAVARELLO

Ces deux huiles d'olive vierges extra, douces et fruitées, sont fabriquées par la famille Bevilacqua, qui cultive la terre de cette région de Calabre depuis le début du XVIe siècle.

Le domaine s'étend sur des terrains plats, non loin de la côte tyrrhénienne du sud de l'Italie. Les oliveraies sont plantées de gros oliviers Carolea, caractéristiques de la Calabre.

L'Azienda Acconia s'enorgueillit d'un véritable musée de matériel traditionnel, comprenant de vieux moulins et pressoirs ainsi que des jarres en terre cuite. Aujourd'hui cependant, l'huile est fabriquée avec un équipement beaucoup plus moderne. À cause de la hauteur des arbres, les ouvriers utilisent des machines pour récolter une partie des olives, qui sont ensuite transformées par centrifugation à froid. La qualité reste, bien entendu, l'objectif principal.

L'huile Donnavascia fleure bon l'olive fraîchement pressée et la pomme râpée. Son parfum est fruité, avec une touche de caramel ; elle est légèrement à moyennement poivrée.

L'huile Favarello possède un arôme similaire. Elle est seulement beaucoup plus riche, douce et fruitée avec une petite note poivrée. Les olives qui entrent dans la préparation de cette huile sont probablement cueillies un peu plus tard dans la saison.

N *Acconia di Curinga, Catanzaro, Calabre (Italie)*

Non connue

★★ *Extrêmement bonne*

Non

Possible sur rendez-vous

Fattoria dei Barbi

Dévastées par le gel en 1985, les oliveraies de la Fattoria dei Barbi ont été replantées et l'huile d'olive vierge extra est maintenant produite par de très jeunes oliviers.

Au XVIe siècle, les ancêtres des actuels propriétaires du domaine produisaient du vin, mais ce n'est qu'au XXe siècle qu'ils ont cherché à améliorer la qualité de leurs crus et diversifié leur production en s'intéressant à l'huile d'olive et au fromage.

La nouvelle oliveraie, dans les environs de Montalcino, au sud de la Toscane, donne 90 % d'olives Frantoio et Corregiolo (cette dernière est proche de la Frantoio, aussi est-il parfois malaisé de les différencier dans cette région). Les 10 % restants sont des Leccino et des Impollinatori. Les fruits sont cueillis à la main en novembre et décembre, puis pressés artisanalement au moulin à huile près de Petroio.

L'huile juste pressée possède un merveilleux arôme de peau de tomate et d'amande chaude. Elle est épaisse et veloutée, poivrée en fond de bouche. Elle se distingue par un goût d'olive et de noisette (ce dernier s'intensifie au bout d'un ou deux mois).

Cette huile convient particulièrement bien à la salade de haricots verts tièdes ou à la truite grillée.

Montalcino, Toscane (Italie)

3,4 tonnes

★★★ *Première catégorie*

Oui

Oui

Fattoria di Felsina

L'huile d'olive vierge extra Felsina est extraite dans un des plus anciens moulins de Toscane encore en état de marche. Situé près du Castello di Farnettella, à Sinalunga, ce moulin possède ses meules en pierre d'origine et ses pressoirs sur pied.

Le domaine Felsina se trouve dans le district de Castelnouvo Berardenga, entre Sienne et le lac Trasimène. Il comprend 11 fermes qui datent du Moyen Âge. En 1966, ces fermes furent achetées par Domenico Poggiali, principalement pour leurs vignobles.

Les oliveraies sont plantées au milieu du domaine, pour la plupart face au sud-ouest. Les olives Frantoio, localement connues sous le nom de Correggiolo, entrent à 90 % dans la fabrication de l'huile Felsina. Les olives Moraiolo, Leccino et Pendolino constituent les 10 % restants.

La récolte a lieu fin octobre et début novembre. La cueillette s'effectue entièrement à la main. Les olives sont broyées et pressées artisanalement. L'huile n'est pas filtrée.

L'huile d'olive Felsina présente un arôme délicatement fruité ; son parfum est riche en noisette. Elle est à peine poivrée, veloutée en fond de bouche.

- *Sinalunga, Sienne, Toscane (Italie)*
- *10 000 litres*
- ★★ *Très bonne*
- *Oui*
- *Sur rendez-vous seulement*

California Olive Oil Company
FIGONE

La famille Figone a émigré dans la vallée de San Joaquin, en Californie, dans les années 1800, mais ce n'est qu'en 1991 qu'elle a décidé d'installer un moulin à huile sur sa propriété.

Aujourd'hui, Frank J. Figone extrait son huile d'olive vierge extra à partir d'un mélange composé de 60 % d'olives Mission et de 40 % d'olives Manzanillo. Ces dernières proviennent d'une oliveraie située sur la propriété.

Les olives sont récoltées à la main, d'octobre à janvier. Le fruit est ensuite écrasé et pressé hydrauliquement, selon la méthode traditionnelle. On obtient une huile intéressante, avec un arôme de pomme et de figue. Elle a un goût d'olive noire, avec une touche de poivre.

FROMAGE À L'HUILE D'OLIVE

Servez de fines tranches d'un fromage à pâte dure, tel que du Pecorino, juste humidifié d'huile d'olive et saupoudré de poivre noir broyé ou d'herbes aromatiques, accompagné de pain de campagne.

Tracey, vallée San Joaquin, Californie (États-Unis)

De 5 500 à 11 000 litres

Bonne

Non

Oui, sur rendez-vous

Filippo Berio

Le Señor Filippo Berio a réellement existé, et on a donné son nom à la marque commerciale de l'un des plus grands producteurs d'huile italiens.

Filippo Berio vécut et travailla à Lucques au XIXe siècle. Il achetait l'huile aux producteurs locaux et la vendait aux émigrés italiens installés en Europe du Nord et aux États-Unis. En 1892, il s'associa avec Giovanni Silvestrini, qui était l'un des fondateurs de la société Salov avec le grand-père des actuels directeurs de l'entreprise. La famille Berio s'éteignit au début du XXe siècle.

Aujourd'hui, la société achète de l'huile d'olive dans toute l'Italie et au-delà, et produit une gamme d'huiles d'olive de renom, commercialisées dans le monde entier.

L'huile d'olive vierge extra Filippo Berio possède un arôme fruité, enrichi de citron. Son parfum est également fruité, avec une touche de noisette et de salade amère. Son arrière-goût est poivré.

Depuis quelques années, la firme produit un nouveau cru, fabriqué avec des olives cueillies tôt dans la saison et immédiatement pressées. Elle vous conviendra si vous aimez l'huile amère et forte.

Lucques, Toscane (Italie)

Non connue

★★ *Très bonne*

Non

Non

Tenuta Agricola

Fontodi

Le nom de Fontodi date de la période étrusque. Cette ancienne propriété, sise près de Greve in Chianti au sud de Florence, produit de la bonne huile d'olive vierge extra ainsi que des vins de Chianti.

La famille Manetti, qui a acheté cette propriété en 1969, s'est attachée à faire prospérer les vignobles et les oliveraies. Aujourd'hui, le domaine est renommé pour ses produits de qualité, dont le Flaccianello, considéré comme l'un des meilleurs vins toscans.

Les oliveraies ne donnent presque que des olives Frantoio, qui sont cueillies à la main en novembre. Le fruit est transformé par centrifugation à froid.

L'huile présente un arôme typiquement végétal de feuille de salade et un fort goût de poivre qui laisse place à un arrière-goût délicat et feuillu. L'idéal est d'utiliser cette huile dans le Pinzimonio (voir page 58) ou dans les traditionnelles soupes toscanes aux légumes ou aux haricots.

Greve in Chianti, Panzano, Toscane (Italie)

3 000 litres

★★ *Extrêmement bonne*

Oui

Oui, sur rendez-vous

Tenuta di
FORCI

Cette ancienne propriété, située sur les collines au nord-ouest de Lucques, a été gravement touchée par le gel en 1985, comme toutes celles de la région.

La production d'huile d'olive vierge extra redémarre grâce aux efforts de la baronne Luisa Diamantina Scola-Camerini, propriétaire du domaine, qui a entrepris de redonner aux anciennes oliveraies leur gloire passée.

Les olives Frantoio prédominent dans ces oliveraies (85 %). Les Leccino constituent près des 15 % restants. Les autres arbres donnent des Maurino, Moraiolo, Pendolino et quelques autres variétés purement locales. La récolte se fait en novembre et décembre. On utilise la méthode traditionnelle et la centrifugation.

Cette huile possède un arôme de noisette, avec des touches de chocolat et de café. Son parfum est riche et fruité, elle est modérément poivrée.

PRODUITS

Huile d'olive vierge extra

Olives marinées
Purée d'olives

Ponte del Giglio, Lucca (Lucques), Toscane (Italie)

5-6 tonnes

★★ *Très bonne*

Non

Oui, sur rendez-vous

Frantoio di Santa Tea

Fruttato-Intenso et Dolce-Delicato

~~~~~~~~~

Histoire et technologie vont de pair à Santa Tea pour donner une huile d'olive vierge extra de premier choix.

À l'origine, cette terre était la propriété du monastère Carmine à Florence ; puis elle fut vendue à la famille Gonnelli en 1585. La ferme, maintenant exploitée par la famille Bettali, est située sur la paroisse de Santa Tea, près de Regello, sur les collines orientales de la vallée de l'Arno, non loin de Florence.

Ici, les techniques modernes viennent enrichir l'expérience glanée au cours des nombreuses années d'oléiculture. Les oliviers Carolea sont plantés à environ 400 mètres d'altitude, sur des terrains abrités par les collines de Vallombrosa.

Les olives sont récoltées à différents stades de leur maturation, afin de produire des huiles aux caractéristiques diverses. En novembre, on cueille des olives à peine mûres, de couleur verte, pour élaborer une huile baptisée « Fruttato-Intenso », dont la bouteille aisément reconnaissable porte une étiquette où figure une olive verte.

Santa Tea, Reggello, Toscane (Italie)

30 000 litres

★★★ *Première catégorie*

Non

Sur rendez-vous seulement
~~~~~~~~~

Cette huile est très forte, avec un puissant arôme d'olive fraîche, de salade et d'herbe coupée. Son goût est également puissant, avec un parfum d'oseille. Cette saveur amère, presque chocolatée, devient poivrée pour s'achever en un arrière-goût vraiment doux. Cette huile convient aux plats dont les saveurs sont très prononcées : le gibier, les rôtis et les légumes d'hiver. Elle accompagne volontiers la chicorée et les artichauts.

D'autres olives continuent à mûrir sur pied jusqu'en janvier. Une fois broyées, elles donnent l'huile « Dolce-Delicato », plus douce et végétale, avec une touche de pomme et d'amande, mais toujours assez poivrée.

Santa Tea produit une autre huile avec les olives Frantoio. Elle présente un agréable arôme végétal, tempéré par le citron, et un goût de même nature, adouci par une touche de noisette grillée. Elle est très poivrée mais son arrière-goût n'est pas ardent.

PRODUITS

Huile d'olive vierge extra
Fruttato-Intenso

Huile d'olive vierge extra
Dolce-Delicato

Huile d'olive vierge extra
Cultivar Frantoio

Huile d'olive vierge extra
Rocca di Cerbaia

Olives Leccino en saumure
(vertes et noires)

Sauces de légumes
à l'huile d'olive

FRANTOIO GAZIELLO

~~~~~~~~~

Cette exploitation familiale, située sur la côte ligure, produit, avec les olives Taggiasca, une huile d'olive vierge extra de qualité.

Tout a commencé lorsque Giovanni Gaziello a introduit le pressoir hydraulique dans son village natal de Trucco, dans les environs de Vintimille. Vingt ans plus tard, il s'est installé à Vintimille dans de nouveaux locaux, où son fils Giorgio a fini par le rejoindre.

Aujourd'hui, l'exploitation s'enorgueillit d'une centrifugeuse moderne en acier inoxydable capable de traiter environ 1700 kg d'olives à l'heure. Elle produit deux variétés d'huiles avec les olives locales, les Taggiasca de Ligurie.

L'huile Gaziello Mosto est une huile naturelle, non filtrée, élaborée avec les premières olives que l'on cueille en décembre ou en janvier. Elle possède un agréable arôme de peau de pomme râpée, d'olive et de salade. Tout en étant frais et sucré, son parfum évoque fortement la noisette et peut prendre une nuance chocolatée. Sa texture est assez épaisse et riche, sa légère touche poivrée est plutôt surprenante.

Vintimille, Ligurie (Italie)

De 80 000 à 90 000 litres

★★ *Extrêmement bonne*

Non

Sur rendez-vous
~~~~~~~~~

Cette huile est conditionnée soit dans des bouteilles ordinaires, soit dans de jolies carafes à bouchon en liège.

L'huile Frantoio Gaziello, deuxième huile produite par cette exploitation, n'est pas plus filtrée que la précédente. Elle est faite avec des olives récoltées en février ou en mars, ce qui la rend plus douce et plus fruitée que la Mosto. Son arôme est légèrement végétal. Elle possède une délicate saveur d'œuf, presque d'avocat. Elle n'est pas âpre du tout, et fort peu poivrée.

Produits

Huile d'olive vierge extra
Gaziello Mosto
Huile d'olive vierge extra
Frantoio Gaziella

Olives de table noires

Purée d'olives noires
ou tapenade

The Frantoio Olive Oil Company

Castellare di Ugnana

~~~~~~~~~

Cette entreprise dynamique a un pied en Italie et un autre en Californie ; elle commercialise aussi bien l'huile d'olive vierge extra fabriquée dans sa propriété de Toscane qu'une huile californienne pressée au sein même du restaurant Frantoio de Mill Valley.

Après le succès de son huile toscane, la famille Zecca a décidé d'exporter son savoir-faire en Californie. Au lieu d'une usine traditionnelle, les Zecca ont ouvert un restaurant où l'on fabrique de l'huile pendant la saison. Les olives Mission, Manzanillo et Ascolana, qui proviennent du nord de la Californie, près de la frontière avec l'Oregon, sont broyées puis pressées au restaurant.

L'huile d'olive vierge extra Frantoio est un mélange composé de 40 % d'huile Manzanillo d'automne et de 60 % d'huile Mission d'hiver. La société fabrique aussi de l'huile avec des olives 100 % Ascolana, Sevillano, Picholine ou Barouni pour les propriétés de la région.

L'huile d'olive vierge extra de Castellare di Ugnana possède un très léger arôme de terre ; son parfum très particulier comporte une touche de café à la noisette et de chocolat au citron. Elle est légèrement à moyennement poivrée, avec un arrière-goût de noisette.

Mill Valley, Californie (États-Unis)

25 000 litres

★★★ *Première catégorie (l'huile californienne : pas goûtée)*

Non

Oui
~~~~~~~~~

Frescobaldi

Laudemio et Castelgiocondo

Le marquis de Frescobaldi, fondateur du concept de marketing Laudemio et président de la société, produit cette huile d'olive vierge extra avec des olives cultivées sur les terres des Frescobaldi en Toscane.

L'histoire de l'aristocratique famille Frescobaldi remonte au XIIe siècle et même plus loin. Il y eut des politiciens, des artistes, des explorateurs et même des banquiers (au service de la royauté anglaise). Au XIIIe siècle, elle prêta de grosses sommes d'argent à Édouard II, et Berto Frescobaldi devint conseiller de la Couronne.

Une centaine d'années plus tard, on expulsa les Frescobaldi et on leur confisqua leurs biens. Par mesure de rétorsion, les Frescobaldi mirent un terme à l'expédition de leur propres vins et achetèrent tous les stocks de vin de Bordeaux. La cour d'Angleterre en manqua longtemps!

Produits

Huile d'olive vierge extra Frescobaldi Laudemio
Huile d'olive vierge extra Castelgiocondo

Florence, Toscane (Italie)

17 000 litres de Laudemio et 3 500 litres de Castelgiocondo

★★★ *Première catégorie*

Oui

Oui, sur rendez-vous

La route qui mène à la propriété Castelleo Nipuzzano.

Les propriétés de la famille produisent depuis des siècles des vins de qualité exceptionnelle, renommés bien au-delà de leur région d'origine, mais les huiles d'olive Frescobaldi ne sont que récemment proposées à une large clientèle. L'une de ces huiles est maintenant commercialisée sous la marque Laudemio, l'autre étant vendue sous le nom de sa propriété d'origine.

L'huile Frescobaldi Laudemio est faite principalement avec les olives de la propriété Castello Nipozzano, dans la région de Chianti Rufina, en Toscane, près de Pelago. Certaines olives viennent des propriétés familiales de Camperti et Poggio a Remole dans la région de Chianti Rufina, de Castellodi Pomino à Pomino, et de Castiglioni et Montagnana dans la région de Chianti Colli Fiorentini (elles se situent toutes dans les environs de Florence).

Le mélange est réalisé avec 80% d'olives Frantoio, 10% de Moraiolo et 10% de Leccino. Les oliveraies furent gravement endommagées par les gelées de 1985; certaines ont été remplacées et équipées de systèmes d'irrigation modernes au goutte-à-goutte. Les oliveraies intactes ont été rajeunies avec de nouveaux arbres.

Les oliviers sont plantés dans un site sec et frais, presque constamment balayé par des vents de nord-est qui éloignent la mouche de l'olive et font que les olives ne sont pas trop mûres lorsqu'on les récolte aux premiers jours de novembre (la cueillette se termine à la fin de ce même mois). L'huile est extraite selon la technique moderne du cycle continu, puis stockée dans des jarres en terre cuite, où elle décante naturellement.

On obtient une éclatante couleur verte, un arôme et un parfum d'une fraîcheur raffinée. L'huile présente une saveur d'olive pressée, d'herbe coupée et de feuille d'oseille écrasée. Elle est bien poivrée, avec un arrière-goût doux-amer.

Elle éclipse des aliments délicatement parfumés mais donne vie à d'autres, plus fades. Elle se marie très bien avec le foie de volaille, les asperges au parmesan ou les steaks grillés au barbecue.

L'huile Castelgiocondo est obtenue de la même façon que la Laudemio, mais le mélange d'olives vient de la propriété de Castelgiocondo, à Montalcino, dans le sud de la Toscane. Les oliveraies sont jeunes, plantées aussi densément que celles aujourd'hui exploitées pour la Laudemio. La campagne est moins hostile et le climat plus chaud que dans la région de Florence. En novembre, les olives sont légèrement plus mûres que celles du nord, mais toujours vertes.

On obtient une huile plus mature mais juste un peu moins poivrée. Son arôme est puissant, avec des notes d'olive fraîche, de pomme et de salade coupée. Son parfum est moins intense mais toujours fruité, avec beaucoup de «poivre» en fond de bouche.

La famille Frescobaldi.

FRESH OLIVE COMPANY OF PROVENCE

L'huile d'olive vierge extra de cette société a été fabriquée avec des olives de Provence mûres, cueillies en décembre.

Le mélange est composé d'huiles produites par différents exploitants et coopératives du Gard, des Bouches-du-Rhône et de l'Hérault. La pression, artisanale, est généralement effectuée par une entreprise familiale du Gard.

On trouve des olives Picholine, Béruguette, Grossane, Salonenque et Beldi dans la composition de l'huile, et les pourcentages varient d'une année à l'autre, selon la récolte.

L'huile présente un arôme légèrement végétal, avec des touches de citron ; son goût est doux et fruité. Elle est étonnamment poivrée, bien que l'arrière-goût soit suave. Cette huile se prête à de multiples usages culinaires.

PRODUITS

Huile d'olive vierge extra

Grande variété d'olives aromatisées

Purée d'olives noires

Acton, Londres (G.-B.)

Non connue

★★ *Très bonne*

Non

Non

Fattoria di

FUBBIANO

Cette huile d'olive vierge extra, souvent primée, est issue d'olives cultivées avec de l'engrais biologique fourni par une vingtaine de chevaux Haflingen qui paissent dans les oliveraies.

Le domaine est situé sur les collines, entre les villages de Tofori et San Gennaro, près de Lucques (Lucca) en Toscane. Une magnifique villa trône au centre de la propriété, avec, tout autour, de vieux celliers, un pressoir et un four. Les visiteurs peuvent séjourner dans la maison de maître ou dans une des petites fermes disséminées dans les vignes et les oliveraies.

Les oliviers donnent principalement des olives Frantoio et un peu de Moraiolo, de Leccino et de Pendolino. Les arbres sont palissés selon la coutume de la région, pour leur donner une forme de vase. Les fruits sont cueillis à la main et pressés artisanalement. L'huile possède un agréable arôme de peau de pomme frais râpée. Son goût est similaire, avec une note d'amertume, et légèrement à moyennement poivré.

Cette huile est délicatement sucrée est excellente sur les salades, additionnée de quelques gouttes de vinaigre de vin rouge ou blanc (ne mettez pas trop de vinaigre, car il estomperait le parfum de pomme). Elle s'allie bien aux mayonnaises.

Tofori, Lucca, Toscane (Italie)

De 1,5 à 3,8 tonnes

★★★ *Première catégorie*

Oui

Oui

Olivar de Segura

Fuentebuena et Oro de Genave

Ces deux huiles d'olive vierges extra portent les cachets de la Dénomination d'Origine de la Sierra de Segura, dans le sud de l'Espagne.

La variété d'olives prédominante, sur ces collines accidentées de la Sierra de Segura, est la Picual. Pour recevoir le label D.O.C., toutes les olives doivent provenir des fermes de la région.

L'huile Oro de Genave utilise seulement les olives cultivées selon les techniques de l'agriculture biologique. Les fruits sont cueillis à la main et l'huile est extraite selon les deux méthodes, traditionnelle et par centrifugation. L'huile d'olive vierge extra possède un riche arôme de citron, de pomme, de melon et de noisette. Elle a un parfum de melon chaud et de citron, avec une touche d'herbe coupée. Un léger goût poivré se fait sentir, mais il s'estompe doucement.

L'huile d'olive vierge extra Fuentebuena présente une touche de noisette beaucoup plus marquée, avec un arôme où le citron et l'amande dominent. Son parfum aussi est aromatisé à la noisette ; il est légèrement doux-amer puis poivré, avec un délicat arrière-goût de noisette.

Puente de Genave, Jaén (Espagne)

Non connue

★★★ *Première catégorie*

Non

Non

Paysage typique de cette région du sud de l'Espagne.

GAZPACHO

Dans votre robot ménager, mettez 1 kg de tomates mûres, un gros poivron vert épépiné, 2 gousses d'ail, une épaisse tranche de pain préalablement trempée dans l'eau et 1 oignon. Actionnez jusqu'à obtention d'un mélange onctueux. Incorporez 12 cl d'huile d'olive vierge extra et un peu de vinaigre, du poivre et du sel à volonté. Réfrigérez avant de servir. En accompagnement, servez des coupes garnies de tomates tranchées, de concombre, de poivron vert, d'oignon et d'œufs durs.

Oleificio

GABRO

Cette huile d'olive vierge extra de Calabre, très parfumée, est plébiscitée aussi bien par ses adeptes que dans les concours.

Il y a encore peu de temps, la plupart des huiles et des olives Gabro étaient vendues à de grandes conserveries qui produisaient des marques nationales d'huiles d'olive. Mario Brogna, l'actuel propriétaire de la société, persuadé qu'il existait un marché pour des olives et de l'huile de qualité supérieure, décida de commercialiser ses propres marques. C'est maintenant l'un des plus grands producteurs d'huile biologique d'Italie. Cette huile est agréée par l'A.I.A.B., l'Association italienne pour l'agriculture biologique.

Les olives sont cultivées dans des propriétés familiales, en Calabre, dans la région de Calabria Citra. Le mélange est composé d'olives Tondino (70 %) et Grossa di Cassano (30 %). Les fruits sont cueillis à la main. Les olives non encore mûres sont pressées artisanalement, les olives à maturité l'étant dans les centrifugeuses.

N
Cosenza, Cassano Ionio, Calabre (Italie)

5-6 tonnes

★★★ *Excellente*

Non

Oui

L'huile présente un arôme délicat mais affirmé d'olive fraîchement broyée, d'herbe, de fruits tels que la pomme et même la framboise. Son parfum, tout aussi complexe, est très fruité, avec une touche de noisette et bien sûr d'olive ; il est modérément poivré.

Mario Brogna propose aussi des huiles parfumées aux fines herbes issues d'olives Carolea et Nocellara. Les herbes sont écrasées avec les olives lors de la fabrication de l'huile.

Spaghetti à la Norcina

Faites cuire environ 500 g de spaghetti dans de l'eau bouillante salée, jusqu'à ce qu'ils soient tendres ou « al dente ». Nettoyez et coupez 2 anchois salés (ou 4 à 5 anchois de conserve à l'huile) et mettez-les dans une poêle avec 6 cuillerées à soupe d'huile d'olive d'Ombrie et 1 gousse d'ail émincée. Faites revenir à feu doux et ajoutez de la truffe selon vos moyens. Laissez cuire 2 minutes de plus. Égouttez les pâtes et mélangez avec de l'huile d'olive. Nappez de sauce à la truffe.

Produits

Huile d'olive vierge extra biologique Oleifico Gabro

Huile d'olive vierge extra Fruttato

Huile d'olive vierge extra Sybaris

Huiles parfumées aux fines herbes

Pâté d'olive avec des olives Cassano et Corniola

Gaea

Cette société, qui porte le nom de la Terre dans la mythologie grecque, sélectionne son huile d'olive vierge extra, parfumée aux amandes, dans six villages de la province d'Etoloakarnania, en Grèce.

Les villages s'appellent Makinia, Saint-Thomas, Saint-Georges et Eratini, dans la région de Makinia, située sur le continent grec, au nord du golfe de Patras, et Skala et Yomvoku dans la région de Naupacte (Lépante), un peu plus au nord.

Le moment de la récolte est aussi précis que l'attention portée aux détails ; elle a lieu habituellement entre le 20 novembre et le 10 janvier. Il y a, dans la région, à la fois des pressoirs traditionnels et des centrifugeuses. L'huile Gaea s'accommode mieux des olives pressées artisanalement.

Les variétés locales sont les Ladoelia et les Koronia, pressées en quantités égales. L'huile possède un léger arôme végétal et un parfum fruité de noisette, légèrement poivré.

Produits

Huile d'olive vierge extra

Olives marinées dans l'huile d'olive
Olives Kalamata au paprika
Olives mélangées au citron et à l'origan

Athènes (Grèce)

Non connue

★★ *Très bonne*

Non

Sur rendez-vous seulement

Niccolini di Carlo Niccolini

GEMMA

Cette huile d'olive vierge extra rustique, qui possède tout le goût des olives noires bien mûres, provient d'oliveraies proches de Calcione, dans le sud de la Toscane.

La société Niccolini est installée à Calcione, près de l'autoroute Florence-Rome. Plutôt commerçants, les Niccolini se procurent des huiles de première catégorie dans les propriétés des collines avoisinantes et les embouteillent pour les revendre sur le marché mondial. Ils appartiennent à l'association des Mastri Oleari.

L'huile Gemma est obtenue à partir d'un mélange d'olives Leccino et Frantoio. Elle présente l'arôme de l'olive fraîche, de la pomme et de l'herbe, typique de nombreuses huiles toscanes. Son parfum est plus insolite : il offre une note prononcée d'olive noire, de salade et d'artichaut. Cette huile très affirmée comporte une bonne dose d'amertume poivrée.

PRODUITS

Huile d'olive vierge extra Gemma

Huile d'olive vierge extra Frantoio

Huile d'olive vierge extra La Nonnna

Calcione, Arezzo, Toscane (Italie)

38 000 litres (Gemma uniquement)

★★ *Très bonne*

Non

Oui

GRAPPOLINI

L'expérience de trois générations a abouti à la sélection des huiles d'olive vierges extra Grappolini.

Chaque huile Grappolini est typique de sa région d'origine et destinée à un usage culinaire différent. À ce jour, je n'en ai goûté que deux. L'huile « Il Gentile » possède un parfum de salade aromatique, assez poivré, et un arrière-goût aussi délicat que fruité. Le parfum de l'huile « Suavis » est un mélange végétal inhabituel de salade et de foin mouillé, avec une touche d'amande ; il est poivré.

Produits

Huile d'olive vierge extra Ampolla
Huile d'olive vierge extra L'Orchetto
Huile d'olive vierge extra Il Gentile
Huile d'olive vierge extra Paneolio
Huile d'olive vierge extra I Toscano
Huile d'olive vierge extra Il Pregiato
Huile d'olive vierge extra Il Giovane
Huile d'olive vierge extra Suavis

Loro Ciuffenna, Toscane (Italie)

Non connue

★★ *Extrêmement bonne*

Non

Non

Harrison Vineyards

C'est une meule italienne en granit, vieille de cent ans, qui broie ces olives provenant d'oliveraies situées près d'une petite propriété vinicole de Pritchard Hill, en Californie.

Après avoir envisagé de s'installer en Toscane, Lyndsey et Michael Harrison décidèrent finalement d'acquérir ce magnifique terrain dans la Napa Valley (en 1988). Ils n'avaient aucunement l'intention de devenir exploitants mais, aujourd'hui, ils font tous deux de l'huile d'olive vierge extra, ainsi que du vin Cabernet Sauvignon et Chardonnay.

Ils ont commencé par le vin, en décidant de remettre en état les vignobles existants avec l'aide des gens du pays. Lors de leurs nombreux voyages en Italie, les Harrison remarquèrent que de nombreuses propriétés vinicoles cultivaient des oliviers à côté de leurs vignes. C'est ainsi qu'ils se lancèrent dans la production oléicole.

Ils ramenèrent d'Italie une vieille meule en granit, qui leur permet de broyer les olives provenant de plusieurs oliveraies alentour. L'huile est fabriquée avec 50% d'olives Mission, 30% de Manzanillo et 20% de Picholine, Frantoio, Sevillano et d'autres variétés moins connues.

N

Pritchard Hill, Napa Valley, Californie (États-Unis)

De 1 500 à 2 300 litres

★ *Assez bonne fraîche*

Oui

Non

Jill, la fille des Harrison, dirige les opérations, et son mari, Chris, fabrique l'huile. Les olives sont récoltées à la main de la fin octobre à la mi-janvier (au début, on cueille des olives vertes, et à la fin, des noires). Elles sont broyées et pressées selon la méthode artisanale ; l'huile est ensuite filtrée avec de la ouate stérile.

L'huile d'olive Harrison possède un arôme vif mais rafraîchissant, avec une touche d'œuf. Son parfum évoque l'olive noire avec, en fond de bouche, une note d'herbe amère et de poivre qui va crescendo.

Salade chaude de chanterelles et de pancetta

Dans une poêle, faites revenir à feu doux 100 g de pancetta jusqu'à ce qu'elle soit croustillante. Ôtez du feu et réservez. Conservez un peu de gras et faites revenir des échalotes émincées, jusqu'à ce qu'elles soient bien dorées. Ajoutez 250 g de chanterelles nettoyées et coupées, et 50 g de pignons de pin. Faites dorer et mélangez à la pancetta. Dans la même poêle, faites chauffer 7 cuillerées à soupe d'huile d'olive vierge extra et incorporez 2 cuillerées à soupe de vinaigre de vin et 1 cuillerée à soupe de jus de citron. Mélangez des feuilles de salade à la pancetta et aux chanterelles. Nappez de sauce chaude et servez avec du poivre frais du moulin.

Produits

Huile d'olive vierge extra
Huile d'olive parfumée au basilic et au poivron

Groupe Gyfteas

ILIADA

Ce sont les olives Koroneiki qui donnent un parfum aromatique particulier à cette huile d'olive vierge extra de la région de Kalamata, en Grèce.

Iliada est une des principales marques d'huiles commercialisées par le Groupe Gyfteas, installé dans le nome de Messénie. Cette société familiale, qui commercialise environ 10% de l'huile produite dans cette région de Grèce, doit sa réussite au fait qu'elle a toujours su choisir les meilleurs producteurs, à son expérience dans le mélange des huiles et à ses procédures modernes de contrôle de qualité.

L'huile Iliada est une huile régionale plutôt qu'une « huile de la propriété ». Les olives sont cultivées et pressées dans des oliveraies et des moulins disséminés autour de la ville de Kalamata, sur le versant ouest du mont Taygète, dans le Péloponnèse. Ici, la cueillette se fait à la main, et les moulins traditionnels tout comme la presse hydraulique sont de mise.

L'huile possède un parfum particulièrement prononcé de foin et d'herbe sèche, avec un goût à la fois aromatique et fruité. On trouve notamment des notes de poivron mélangées à des nuances d'épices. C'est une huile inhabituelle, très bonne pour la cuisine de tous les jours.

N *Spernogia, Kalamata, Messénie (Grèce)*

Non connue

★★ *Très bonne*

Non

Oui, sur rendez-vous

Fattoria di Galiga e Vetrice

Il Lastro

Cette exploitation, sise au flanc des collines de Chianti Rufina, dans le nord de la Toscane, produit une huile d'olive vierge extra particulièrement fine et poivrée.

Les oliveraies de la Fattoria di Vetrice sont entourées de vignes qui donnent du raisin Sangiovese servant à faire le vin de chianti. La moitié du domaine est consacrée aux olives.

La variété prédominante est la Frantoio qui représente 90 % du mélange. Les 10 % restants sont constitués à parts égales de Pendolino et de Morinello. Les fruits sont cueillis à la main puis, en l'espace de deux jours, pressés dans les nouvelles installations.

L'huile est verte et végétale de caractère, avec un arôme de gazon, de pomme et d'olive. Son parfum est aussi très végétal, avec une touche de salade. Il présente une note poivrée qui s'estompe un peu avec le temps. Son arrière-goût est délicat et raffiné.

Servez cette huile délicieuse avec des salades corsées, des champignons au bacon, du foie de volaille et de la chicorée. Elle est parfaite pour la sauce des pâtes, chaude et mélangée à de l'ail émincé additionné de persil ou de basilic.

Rufina, Toscane (Italie)

25 000 litres

★★★ *Première catégorie*

Oui

Oui, sur rendez-vous

Azienda Agrobioligica

Il Poderetto

Flos Viridis et Fior del Colle

Cette ferme classique de l'Ombrie, propriété de Flavio Zaramella, président de la Corporation des Mastri Oleari, produit des huiles d'olive vierges extra biologiques de très grande qualité, avec un mélange d'olives traditionnelles.

Les fondations de la ferme reposent sur la base d'une ancienne tour romaine, près du village de Mora, non loin d'Assise. Les oliveraies s'étendent dans la campagne environnante, aux doux paysages de champs, de bois et de cours d'eau.

Les olives, qui font l'objet d'une culture biologique, sont récoltées à la main en novembre et décembre. Pour obtenir l'huile, on utilise la méthode traditionnelle ainsi que la centrifugation. On ne la filtre pas et on la laisse reposer pendant environ trois mois avant la mise en bouteille.

La ferme classique de monsieur Zaramella.

Mora di Assisi, Assise, Ombrie (Italie)

Non connue

★★★ *Excellente*

Non

Oui, sur rendez-vous

La basilique Saint-François d'Assise.

Ces huiles sont certifiées et garanties par l'A.I.A.B., l'Association Italienne pour l'Agriculture Biologique.

Pour l'huile Flos Viridis, on utilise quatre variétés d'olives : 50 % de Moraiolo, 20 % de Leccino et de Frantoio, et 10 % de Raggiolo. Les olives sont cueillies tôt dans la saison, et l'huile ainsi obtenue est végétale, fraîche et fruitée, avec une touche de citron. Le parfum d'olive est fin mais prononcé, avec un arrière-goût poivré.

L'huile Fior del Colle utilise presque le même mélange que la Flor Viridis, mais les olives Raggiolo sont remplacées par un plus grand pourcentage de Moraiolo. On les cueille plus tard dans la saison, et l'huile est plus douce et plus veloutée que la Flor Viridis, avec de plaisantes notes d'œuf et d'amande qui viennent s'ajouter à l'olive fraîche. Cette huile est assez poivrée, mais douce en fond de bouche.

PRODUITS

Huile d'olive vierge extra biologique Flos Viridis
Huile d'olive vierge extra biologique Fior del Colle
Huile d'olive vierge extra Il Poderetto
Huiles d'olive parfumées

Purée d'olives noires
Purée d'olives vertes

Fattoria di

ISOLE E OLENA

~~~~~~~~~

Situé dans les collines du centre de la Toscane, ce domaine produit une huile d'olive vierge extra peu commune, au délicieux goût de noisette.

La famille de Marchi, propriétaire du domaine Isola e Olena, avait acheté à la fin des années 1950 deux propriétés adjacentes sur la commune de Barberino Val d'Elsa ; elle les exploite maintenant comme un domaine unique.

Les oliveraies, qui occupent environ 20 % de la propriété, sont entourées de bois et de vignobles. Elles sont plantées d'oliviers Frantoio, Moraiolo, Pendolino, Leccino et Morchiaio (la variété Frantoio prédomine). La culture s'effectue sans pesticides.

Les olives, cueillies à la main du début novembre à la mi-décembre, sont broyées et pressées de manière artisanale. L'huile ainsi obtenue possède presque un arôme de viande, avec beaucoup de noisette grillée et de chocolat. Son parfum est fruité, moyennement poivré, avec une douceur veloutée. Son arrière-goût est doux et fruité.

La famille de Marchi conseille de servir cette huile froide, sur une salade verte aux croûtons et dans des soupes de légumes comme la ribollita.

Barberino Val d'Elsa, Toscane (Italie)

3 000 litres

★★★ *Excellente*

Oui

Oui
~~~~~~~~~

Primo Estate

Joseph Foothills

~~~~~~~~~

Certaines des oliveraies plantées en Australie dès 1864 donnent cette huile d'olive vierge extra des antipodes.

Au pied de la chaîne du mont Lofty, près d'Adelaïde, se trouvent les vestiges des grandes oliveraies plantées par les premiers pionniers. Pendant de nombreuses années, on laissait tomber les olives sans les ramasser.

Il y a six ans, Joe et Dina Grilli, qui exploitaient déjà avec succès la propriété vinicole Primo Estate, décidèrent de cueillir ces olives qui sont à l'origine de l'huile d'olive vierge extra Joseph.

Les olives, des Verdial pour la plupart, sont cueillies avant leur pleine maturité, lorsque leur couleur oscille entre le vert et le violet. Elles sont broyées et pressées selon la méthode traditionnelle et par centrifugation dans une installation voisine. L'huile revient ensuite à l'exploitation, où on la laisse reposer pendant huit semaines avant de la mettre en bouteille.

L'huile d'olive vierge extra Joseph Foothills possède un arôme agréable et prononcé d'olive, de citron et de pomme râpée. Le parfum aussi a la fraîcheur de la pomme ; il est fruité, légèrement végétal, avec une touche de noisette chaude. Sa note poivrée surprend, mais elle a un subtil arrière-goût de noisette.

Primo Estate, Virginia (Australie-Méridionale)

4 000 litres

★★ *Extrêmement bonne*

Oui

Oui, de juin à décembre
~~~~~~~~~

Kydonia

Les fermiers crétois fabriquent de l'huile d'olive vierge extra depuis plus de deux mille ans.

Cette huile est produite par un groupe d'exploitants dont les oliveraies sont situées dans la région montagneuse du nord-ouest de l'île. Les olives sont de la variété « Koroneiki ».

Les fruits qui donnent l'huile Kydonia « réserve spéciale » sont cueillis à la main avant leur pleine maturité, puis broyés et pressés de manière artisanale. L'huile d'olive vierge extra Kydonia « réserve spéciale » possède un subtil arôme de noisette et un parfum végétal caractéristique évoquant le foin fraîchement coupé. Cette huile est intéressante par sa douceur et sa finesse.

Taramasalata

Faites tremper dans l'eau une tranche de pain très épaisse et sans croûte. Égouttez et essorez. Mettez dans un robot ménager avec 150 g d'œufs de cabillaud frais ou fumés et deux échalotes finement émincées. Mélangez. Incorporez ensuite le jus d'1 citron, assaisonnez à volonté et ajoutez de 5 à 7 cuillerées à soupe d'huile d'olive vierge extra (sans interrompre le fonctionnement du robot).

Crète (Grèce)

Non connue

★★ *Extrêmement bonne*

Non

Non

Gâteau à l'huile d'olive

Dans un mixer, mélangez 25 cl d'huile d'olive vierge extra avec 250 g de sucre et 2 œufs. Versez dans un saladier et ajoutez progressivement 700 g de farine, 250 g de raisins secs, 40 cl de lait, 2 cuillerées à café de bicarbonate de soude et 2 cuillerées à café de cannelle en poudre. Faites cuire à four moyen pendant 1 heure environ. Piquez une lame de couteau dans le milieu du gâteau pour vérifier la cuisson.

Produits

Huile d'olive vierge extra
Kydonia « réserve spéciale »
Huile d'olive vierge extra
Blue Label

Olives noires au fenouil
Olives grecques au citron
Olives Kalamata
à l'aneth

Lake & Co.

~~~~~~~~~

Cette nouvelle société créée en 1996 se spécialise dans la vente d'huiles d'olive vierges extra provenant de petites exploitations installées sur le pourtour de la Méditerranée. Il n'existe qu'une seule variété.

Elle s'appelle Les Alpilles et vient de Provence. C'est un mélange d'olives locales (Verdale, Salonenque, Picholine et Grossane), broyées et pressées par centrifugation à froid. L'huile a un arôme frais, citronné, fin et sucré. Son parfum est riche et citronné, avec une amertume devenant poivrée. Cette huile s'emploie notamment dans les mets provençaux tels que le pan bagnat, la ratatouille ou la salade niçoise.

Produits

Huile d'olive vierge extra Les Alpilles
Huile d'olive vierge extra toscane

Olives de table noires et vertes

Purées d'olives noires et vertes

Oxford (Grande-Bretagne)

Non connue

★★★ *Première catégorie*

Non

Non
~~~~~~~~~

Quinta de la Rosa

LA ROSA

~~~~~~~~~

Cette huile d'olive vierge portugaise vient d'une exploitation vinicole suédoise de la haute vallée du Douro, près de Pinhao.

La famille Bergqvist réside et travaille dans cette région du Portugal depuis 1805. Jusqu'en 1988, ces propriétaires vendaient leur vin à des producteurs de porto renommés ; ils commercialisent désormais eux-mêmes leurs produits, dont l'huile d'olive vierge extra de leur domaine.

Les visiteurs peuvent séjourner dans la maison de maître, pleine de coins et recoins, avec sa salle de bains taillée dans le rocher, ou dans deux autres fermes de la propriété récemment restaurées.

L'huile d'olive vierge extra de cette exploitation fait depuis fort longtemps le bonheur de quelques chefs de cuisine qui apprécient son goût de terre. C'est une huile caractéristique, différente des autres, avec un parfum aromatique de romarin séché, de thym et de lavande.

N	*Pinhao, Alto Douro (Portugal)*
	Non connue
★★	*Extrêmement bonne*
	Oui
	Oui
~~~~~~~~~

Le Cesine

~~~~~~~~~

Cette huile d'olive vierge extra caractéristique du sud de l'Italie n'est commercialisée que depuis cinq ans, mais elle a déjà remporté une médaille d'or dans un grand concours.

Les De Japinis, père et fils, cultivent leurs olives dans les collines de Campanie, à une soixantaine de kilomètres à l'est de Naples. Ils sont installés près du petit village de Monterocchetta, au sud-est de Benevento.

Différentes variétés d'olives composent le mélange : 40 % d'Ortice, 25 % d'Ortolana et 15 % de Racioppella. Le complément est réalisé avec des Leccino et des Frantoio. Les olives sont récoltées à la main fin octobre ou début novembre, puis transformées selon la méthode artisanale.

L'huile a un arôme délicieux d'olive, de pomme et de tomate. Ces parfums s'intensifient en bouche et laissent une touche d'oseille sur le palais. Elle est peu poivrée.

Servez-la sur de simples salades et des légumes frais, pour faire ressortir ses parfums complexes, ou bien faites-la à peine chauffer et versez-la en filet sur du poisson poché accompagné de câpres, ou sur des blancs de poulet grillés accompagnés de tomates séchées.

Monterocchetta, S. Nicola Manfredi, Benevento, Campanie (Italie)

7 000 litres

★★★ *Excellente*

Non

Sur rendez-vous
~~~~~~~~~

Frantoio Eugenio Marco

LE FASCE ET CEPPO ANTICO

Cette petite affaire familiale établie en Ligurie produit avec régularité de bonnes huiles d'olive vierges extra, dont les qualités ne s'altèrent guère avec le temps.

Les huiles proposées ici sont fabriquées avec les olives Taggiasca locales, qui proviennent d'oliveraies cultivées en terrasse jusqu'à des altitudes de près de 600 mètres, sur les pentes escarpées des monts de l'ouest de la Ligurie. En janvier et en février, on peut voir les cueilleurs officier dans des positions précaires.

Avec ces olives, Frantoio Marco produit deux huiles typiques de la région, aux chaleureux arômes végétaux, avec des touches de pomme et d'amande (l'huile « Le Fasce », qui n'est pas filtrée, présente un riche arôme et une saveur d'œuf). Ces huiles possèdent une texture savoureuse et un goût de noisette. Elles sont légèrement à moyennement poivrées.

La Ligurie est la province d'origine du pesto, excellente sauce des pâtes faite avec de l'huile d'olive, du basilic, des pignons de pin et du fromage ; ces huiles sont toutes désignées pour cet usage. Elles accompagnent aussi très bien les fruits de mer, spécialité de la région.

Leia d'Albenga, Savona, Ligurie (Italie)

6 000 litres

★★ *Extrêmement bonne*

Non

Oui, sur rendez-vous

Pan bagnat

Ouvrez deux petits pains plats et frottez copieusement chaque face avec de l'huile d'olive vierge extra. Remplissez-le avec de la salade, des rondelles de tomates, des miettes de thon en boîte, de l'oignon rouge, des olives noires et, si vous les aimez, quelques filets d'anchois et quelques gouttes d'huile d'olive. Pressez bien le tout, et dégustez au bout d'une demi-heure.

Oliveraies typiques du nord-ouest de l'Italie.

Produits

Huile d'olive vierge extra
Le Fasce
Huile d'olive vierge extra
Ceppo antico

Olives Taggiasca
en saumure

Vea

LÉRIDA ET L'ESTORNELL BIOLOGIQUE

Ces deux huiles au goût particulier de noisette sont fabriquées avec des olives Arbequina, cultivées près de la ville de Sarroca de Lleida, au nord-est de l'Espagne.

Don Domingo Vea acheta ces oliveraies il y a presque un siècle et fonda la société Vea. Son fils, Don José, développa la culture biologique sur la propriété, ce qui le démarqua des autres oléiculteurs alentour. Aujourd'hui, c'est Avelino Vea qui dirige l'exploitation. Il est « Gran Gatador », un des rares membres d'une élite reconnue pour ses capacités gustatives.

Les collines et vallées de Lérida conviennent parfaitement à l'oléiculture ; le climat méditerranéen empêche les températures de grimper trop haut. Si vous venez en visite, suivez la « Ruta del Aceite » ou route de l'huile, empruntez les routes de campagne, au sud de la capitale de la province. La récolte débute en novembre et se poursuit jusqu'à la fin janvier.

Les olives Arbequina destinées à la fabrication des huiles Lérida et L'Estornell sont cueillies en grande partie à la main. L'huile est extraite sans pressurage, selon le procédé « Sinolea » à pales. Les olives, récoltées tôt dans la saison, serviront à l'élabo-

Sarroca de Lleida, Lérida (Espagne)

250 tonnes

★★★ *Excellente*

Non

Oui

L'établissement Vea, en Espagne.

ration de l'huile d'olive vierge extra Lérida Récolte Précoce. L'huile d'olive vierge extra L'Estornell (non biologique) est fabriquée avec des olives Arbequina de la propriété Vea (60 %) et des olives Farga (40 %) venant d'ailleurs.

L'huile Lérida a un délicieux arôme de citron et d'amande, avec une touche de chocolat. Son parfum complexe a des notes d'herbe et de noisette grillée qui vont crescendo. Son arrière-goût offre un agréable mélange de sucre et de chocolat.

L'huile biologique L'Estornell, déjà primée, possède un arôme de noisette grillée et de chocolat. Son parfum, qui a une touche de noisette, est moins affirmé et plus délicat que celui de l'huile Lérida. Cette huile est légèrement poivrée, et son arrière-goût, discrètement sucré.

Produits

Huile d'olive vierge extra Lérida Récolte Précoce

Huile d'olive vierge extra Lérida

Huile d'olive vierge extra L'Estornell

Olives Arbequina, Fraga et Manzanillo au sel

Salade de haricots verts et de pommes de terre

Faites cuire une bonne quantité de haricots verts, jusqu'à ce qu'ils soient tendres ou encore légèrement croquants, et faites cuire à la vapeur la même quantité de pommes de terre avec leur peau. Égouttez et mélangez les deux, arrosez copieusement d'huile d'olive vierge extra Lérida ou L'Estornell mélangée à un peu de jus de citron, du sel, du poivre et des herbes finement hachées. Laissez refroidir et servez tiède ou froid. Si vous souhaitez varier le goût, essayez d'autres herbes : du persil, de l'aneth, de l'origan ou du cerfeuil.

LE VIEUX MOULIN

~~~~~~~~

La famille Farnoux, qui vit et travaille depuis des générations au vieux moulin de Mirabel-aux-Baronnies, dans le nord de la Provence, produit aujourd'hui encore des huiles d'olive vierge extra lauréates de nombreux prix.

Il y a cent cinquante ans, le premier Monsieur Farnoux avait quatre fils et devait donc, selon la loi, partager sa propriété en quatre parts égales. L'actuel propriétaire a hérité d'un quart du domaine de son père et de son grand-père, mais il a peu à peu racheté le reste à ses nombreux cousins. Son fils et son petit-fils travaillent tous deux au moulin, aussi la relève semble-t-elle assurée pour les années à venir.

La famille Farnoux possède des oliveraies à Beaulieu et à Hautes Blanches, près de Mirabel, ainsi qu'à Nyons. Ici, la campagne provençale est composée d'un séduisant mélange de vignes et de champs de lavande. Il est parfois difficile de trouver les oliviers, car ils sont perchés plus haut, sur des terrasses.

N *Mirabel-aux-Baronnies, Drôme, Provence (France)*

Non connue

★★ *Très bonne*

Non

Oui, sur rendez-vous
~~~~~~~~

On y cultive l'olive Tanche, variété locale utilisée à table et pour l'huile. La cueillette se fait à la main ou au peigne, à partir de la fin novembre. La récolte dure jusqu'à la fin janvier. Les olives sont broyées et pressées de façon artisanale, au vieux moulin.

L'huile possède un arôme citronné très particulier, qui évoque aussi la charcuterie. Son parfum est riche en œuf, avec une touche de citron et peu poivré. L'huile Le Vieux Moulin a remporté une médaille de bronze à Nyons en 1991, et une médaille d'or en 1992.

Pain d'aubergine

Hachez grossièrement 1 grosse aubergine, 1 poivron vert et 1 gros oignon. Ajoutez 1 gousse d'ail émincée et faites revenir le tout à feu doux, pendant une demi-heure, dans 3 ou 4 cuillerées à soupe d'huile d'olive. Réduisez le mélange en purée avec un mixer ; ajoutez 3 œufs battus et 1 épaisse tranche de pain sans croûte, préalablement trempée dans du lait. Versez dans un moule à cake graissé et faites cuire au four à feu doux pendant 45 minutes. Servez avec une sauce tomate que vous confectionnerez avec des tomates pelées, revenues avec un peu d'oignon, un poivron rouge et un mélange d'herbes fraîches, puis réduites en purée.

Produits

Huile d'olive vierge extra
Le Vieux Moulin
Huile d'olive parfumée
aux herbes de Provence
et aux piments

Olives de table noires

Tapenade et anchoïade

Rutherford Hill Winery
LILA JAEGER

Pour Lila Jaeger, la production d'huile d'olive avec les vieux oliviers du domaine de Rutherford Hill Winery, en Californie, a tout d'abord été « un passe-temps distingué ». La production annuelle avoisine maintenant les 360 litres, selon la récolte.

Lila Jaeger décida d'expérimenter le pressurage des olives qui se perdaient sur sa propriété de Rutherford. L'oliveraie, située au flanc d'une colline escarpée, est centenaire. Elle donne des olives Nevadillo et Cornezuelo.

Les oliviers s'étendent sur 2,5 hectares mais, à l'heure actuelle, une moitié seulement est en exploitation. La cueillette commençait initialement en mars, mais d'année en année la date est avancée pour augmenter la qualité de l'huile. Les olives sont maintenant récoltées lorsqu'elles sont sur le point de virer au noir. Elles sont gaulées, ramassées dans des filets puis transformées par centrifugation à froid.

L'huile, au délicieux arôme de pomme et d'herbe, possède un parfum de noisette, avec une touche insolite évoquant l'essence. Elle est abondamment poivrée, avec un agréable arrière-goût de noisette.

Rutherford, Napa Valley, Californie (États-Unis)

360 litres

★★ *Très bonne*

Oui

Sur rendez-vous

Azienda Agraria

LUNGAROTTI

Olio Extra Vergine dell'Umbria

La couleur vert électrique de cette huile d'olive vierge extra de première catégorie, originaire d'Ombrie, dénote son caractère particulièrement «vert». C'est une huile très agréable.

La famille Lungarotti, propriétaire de l'Azienda Agraria Lungarotti depuis des générations, a toujours été renommée pour ses huiles et ses vins. Les olives proviennent d'oliveraies situées sur les collines autour de Torgiano, dans la province de Pérouse en Italie.

La famille Lungarotti.

N *Torgiano, Pérouse, Ombrie (Italie)*

18 500 litres

★★★ *Première catégorie*

Oui

Oui, sur rendez-vous

L'établissement vinicole Lungarotti.

Lauréate d'une médaille d'argent, l'huile est fabriquée avec des olives Frantoio, Moraiolo et Leccino (30 % de chaque), le reste étant constitué de Pendolino. Les oliviers sont plantés dans des oliveraies anciennes et modernes. Ces dernières sont équipées de systèmes d'irrigation au goutte-à-goutte. Les olives sont récoltées à la main pendant le mois de novembre et pressées artisanalement.

L'huile ainsi obtenue est d'une étonnante couleur verte. Son arôme est frais et fruité, avec des touches d'herbe et de salade. Elle offre un goût de noisette, fortement teinté de salade amère. Elle est plutôt poivrée, mais son arrière-goût surprend par sa douceur.

Fèves d'Ombrie

On sert ce plat de fèves fraîches en juin (des haricots de Lima conviennent aussi très bien). Faites revenir à feu doux 1 oignon émincé dans 3 cuillerées à soupe d'huile d'olive vierge extra d'Ombrie, avec 2 branches de céleri et une carotte hachées. Au bout de 2 minutes, ajoutez 300 g de fèves, 50 g d'épinards ou de blettes cuits et 3 cuillerées à soupe d'eau ou de bouillon. Assaisonnez et faites cuire à feu doux pendant 25 minutes, en ajoutant un peu de bouillon si besoin est. Arrosez de 3 cuillerées à soupe d'huile d'olive et servez avec de la viande grillée ou rôtie.

F. Blauel

Mani ou Kalamata Gold

~~~~~~~~~

Cette huile d'olive vierge extra très fruitée, est disponible dans des variétés biologiques ou ordinaires. Elle est vendue sous la marque Mani en Grande-Bretagne et sous la marque Kalamata Gold ou Greek Gold aux États-Unis.

Cette différence vient du fait que le nom de « Mani » était déjà utilisé aux États-Unis pour l'huile d'olive naturelle lorsque M. Blauel commença à vendre son huile vierge extra.

M. Blauel créa son affaire en 1980 après avoir découvert, lors d'un voyage à Mani, en Grèce, ce qu'il pensait être un trésor caché. En fait, l'huile Mani était renommée dans tout le pays, mais non à l'étranger, ce qui lui donna l'idée de la distribuer dans le reste du monde.

Les huiles d'olive vierges extra Mani sont extraites des olives Koroneiki (et non des olives Kalamata utilisées pour la table). Les oliveraies sont situées sur les pentes du mont Taygète, qui s'étendent de Kalamata jusqu'à Sparte et à Githio, et séparent les *nomes* (provinces) de Messinie et Laconie.

Grande-Bretagne

Non connue

★★ *Extrêmement bonne*

Non

Oui, sur rendez-vous
~~~~~~~~~

Les olives sont récoltées à la main de novembre à janvier. La moitié est broyée et pressée artisanalement, l'autre est pressée par centrifugation à froid.

On obtient ainsi une huile très fruitée, dont le parfum évoque la résine de pin. Elle possède un arôme d'herbe fraîchement tondue et de peau de pomme. Son parfum de salade et d'oseille douce-amère est à peine poivré.

Soupe de haricots aux herbes

Émincez la moitié d'un oignon et 1 gousse d'ail, ajoutez 1 ou 2 brins de romarin et de sauge. Faites revenir le tout dans une poêle avec 12 cl d'huile d'olive vierge extra. Ajoutez 12 cl de jus de tomates épais et faites cuire à feu doux pendant 10 minutes environ. Réduisez en purée 500 g de haricots blancs et ajoutez 75 cl d'eau. Salez et poivrez, laissez mijoter pendant 40 minutes. Servez avec un peu d'huile d'olive et une pincée de poivre.

Produits

Huile d'olive vierge extra
Mani/Kalamata/Gold/Greek
Ordinaire et biologique

Olives de table vertes
et noires dans l'huile d'olive

Câpres à l'huile d'olive

Fratelli

MANTOVA

Colle Monacesco et Fior Fiore

Cet établissement, situé dans les collines de Val di Comino, à Broccostella dans la région de Lazio, propose une gamme intéressante d'huiles d'olive vierges extra mélangées ou « de la propriété ».

La compagnie, qui fut créée en 1905 par Nicandro Mantova dans de petits locaux du centre-ville, est devenue un grand complexe moderne recouvrant 16 000 m^2. Nicandro a transmis son expertise gustative à son petit-fils Enzo et à son arrière-petit-fils Adriano, qui participent tous deux à la délicate opération de mélange de la plupart des huiles.

L'huile Colle Monacesco est une huile de la propriété, provenant d'une exploitation des collines de Monacesco près de Broccostella. Les olives sont des Corgnala et des Moraiolo. Récoltées en novembre et en décembre, elles sont cueillies à la main et pressées artisanalement.

Broccostella, Frosinone, Lazio (Italie)

18 000 litres d'« huile de la propriété », le reste n'est pas connu

★★ *Extrêmement bonne*

Non

Oui, sur rendez-vous

L'huile dégage un agréable arôme de pomme râpée qui vire à la noisette en vieillissant. Son parfum regorge de citron, de pomme et de noisette ; il est très poivré, et sucré en fond de bouche.

Les olives des autres huiles de la gamme Mantova ont plusieurs provenances, dont la Grèce et la Tunisie. Elles sont ensuite mélangées pour donner des huiles de bonne qualité. L'huile Fior Fiore, non filtrée, possède un parfum légèrement plus saisissant que la Colle Monacesco, plus végétal et moins raffiné, mais toujours avec le même arôme nuancé de pomme râpée, et le même goût.

L'huile d'olive vierge extra Mantova est une bonne huile ordinaire, avec un arôme de pomme sucrée et de citron. Son parfum est délicat et doux, peu poivré, avec des nuances végétales.

Orecchiette aux légumes verts

Cette recette se confectionne avec les pâtes de la région (en forme d'oreille) et avec des fanes de navets, mais toutes les pâtes conviennent ainsi que des légumes verts bien parfumés. Faites cuire les pâtes dans une bonne quantité d'eau bouillante salée, jusqu'à ce qu'elles soient « al dente ». Lavez une bonne brassée d'épinards ou de blettes. Mettez-les dans une casserole et laissez-les cuire à feu doux. Lorsque les pâtes sont cuites, égouttez-les bien et versez plusieurs cuillerées à soupe d'huile d'olive vierge extra des Pouilles. Remuez. Égouttez les légumes et ajoutez-les aux pâtes. Remuez à nouveau et servez.

Produits

Huile d'olive vierge extra
Colle Monacesco
Huile d'olive vierge extra
Fior Fiore
Huile d'olive vierge extra
Fior Fiore Novello
Huile d'olive vierge extra
Antica Abbazia
Huile d'olive vierge extra
Mantova

Huiles d'olive parfumées
Grand Aroma

Mas de la Dame les Baux

Immortalisé par les peintures de Van Gogh, ce domaine du XVIIe siècle produit de l'huile d'olive vierge extra biologique avec des olives Picholine.

La propriété est située au pied de l'imposante colline-forteresse des Baux-de-Provence. Avec ses 30 hectares d'oliveraies et ses 60 hectares de vignobles, c'est le plus grand domaine de vinicole et oléicole de la région.

Picholine et Grossane sont cultivées sur place, et sont pressées pour l'huile ou salées pour la table. L'huile d'olive vierge extra a un arôme de noisette et de chocolat, avec une touche de jambon ou de charcuterie. Son parfum est similaire avec une touche de noisette grillée et d'olive au goût de viande avec une note poivrée en fond de bouche. Servez-la avec des salades parfumées.

Produits

Huile d'olive vierge extra Mas de la Dame

Olives de table vertes et noires « Olives cassées » au fenouil

Tapenade

Les Baux-de-Provence, Bouches-du-Rhône (France)

Non connue

★★ *Très bonne*

Oui

Oui

Masseria

Un consortium d'exploitations familiales établies dans la région des Pouilles, près de Bari, produit cette huile d'olive vierge extra biologique délicatement sucrée.

Jusqu'en 1990, la plupart des exploitants vendaient leur huile à des établissements qui la mélangeaient et la mettaient en bouteille. Aujourd'hui, ils ont créé leur propre société, où seules les meilleures olives biologiques sont acceptées dans le mélange qui comprend 60 % de Coratina et 40 % d'Ogliarola.

Cette huile a un léger arôme fruité, avec un mélange de pomme, de noisette et d'herbe. Son parfum de pomme râpée se teinte fortement de noisette, et parfois d'une touche de chocolat et de poivre ardent. Son arrière-goût est fruité.

Produits

Huile d'olive vierge extra

Légumes à l'huile, dont des artichauts, des aubergines séchées et des oignons grillés

Sauces Pizzaiola, aux Brocolis, aux Poivrons

N *Aquaviva delle Fonti, Bari Pouilles (Italie)*

6 000 litres

★★★ *Première catégorie*

Non

Oui, sur rendez-vous

The Merchant Gourmet

Cet importateur britannique déniche des huiles d'olive vierges extra de bonne qualité dans leurs pays d'origine et les commercialise sous sa propre marque. Ce sont souvent des «huiles de la propriété».

La gamme Merchant Gourmet comprend six huiles, mais trois seulement sont disponibles actuellement. Elles proviennent d'Espagne, de Grèce et d'Italie.

L'huile d'olive vierge extra Merchant Gourmet espagnole est une «huile de la propriété», faite avec les olives Picual de Cordoue. Les olives sont cueillies à la main, et l'huile est extraite sans pression, selon le procédé Sinolea à pales. L'huile possède un délicat arôme citronné, avec une touche de melon. Elle a un goût légèrement poivré, avec une forte nuance de cantaloup. C'est une des meilleures huiles de la gamme.

L'huile d'olive vierge extra grecque vient d'une exploitation familiale située à Kydonia, dans les montagnes crétoises. Par le passé, les producteurs envoyaient leur huile dans de grandes coopératives locales; c'est la première fois qu'ils essaient de la vendre directement au consommateur par l'intermédiaire de Merchant Gourmet.

Londres (Grande-Bretagne)

Non connue

★★ *Très bonne*

Non

Non

L'huile est faite avec 100% d'olives Koroneiki, qui sont récoltées et pressées selon des méthodes artisanales. Elle a un léger arôme de foin chaud et d'herbe coupée. Elle a un fort parfum d'herbe, avec des notes de chicorée et d'oseille, qui lui donnent un arrière-goût d'une amertume particulière. Elle est abondamment poivrée. C'est une huile de caractère, agréablement étoffée.

L'huile d'olive vierge extra italienne vient de l'entreprise Crespi e Figlia en Ligurie. Quarante pour cent de l'huile est extraite des olives Taggiasca locales et le reste d'olives Leccino, Oliarola ou Frantoio provenant d'autres régions d'Italie. Elle présente un agréable arôme citronné et un parfum légèrement végétal. Elle est peu poivrée.

Spaghettini à la purée d'olives noires

Faites cuire les spaghettini jusqu'à ce qu'ils soient « al dente ». Épépinez et émincez finement 2 piments frais et faites-les revenir dans un peu d'huile avec 2 brins de romarin, 2 brins de sauge, 2 gousses d'ail émincées et de l'origan séché. Au bout de quelques minutes, ajoutez un petit bocal de purée d'olive noire et diluez avec un peu d'eau de cuisson des pâtes. Assaisonnez. Mélangez les pâtes avec la sauce.

Produits

Huile d'olive vierge extra espagnole
Huile d'olive vierge extra grecque
Huile d'olive vierge extra italienne

Herbes à l'huile d'olive

Olives et purées d'olives

Sauces de légumes

Meridian Biologique

Cette société est spécialisée dans l'alimentation biologique ; son huile d'olive vierge extra ne fait pas exception.

C'est une huile espagnole fabriquée par des spécialistes de l'agriculture biologique installés près de Cordoue, en Andalousie. Elle est certifiée par la « Soil Association » de Grande-Bretagne et par le « Comite Territorial Andaluz de la Agricultura Ecologica » d'Espagne.

L'huile d'olive vierge extra Meridian est issue d'olives Hojiblanca cultivées sans engrais ni pesticides, récoltées à la main et transformées par centrifugation à froid.

L'huile a un arôme citronné, parfois teinté de coulis de tomate. Son parfum est délicat et citronné, moyennement poivré.

Filets de lotte marinés

Coupez la lotte en tranches et faites-la cuire dans l'eau bouillante salée. Écrasez un œuf dur avec 4 filets d'anchois et 10 câpres. Ajoutez une goutte de vinaigre à l'estragon puis, petit à petit, 4 ou 5 cuillerées à soupe d'huile d'olive vierge extra. Incorporez du persil haché menu. Égouttez le poisson et garnissez chaque tranche d'une cuillerée de sauce. Laissez refroidir et servez légèrement glacé.

N *Corwen, Clwyd (G.-B.)*

Non connue

★★ *Très bonne*

Non

Non

Frantoio Valtenesi

MIRUM

~~~~~~~~

Le lac de Garde est la toile de fond de cette propriété où les olives sont cultivées puis pressées pour obtenir cette huile d'olive vierge à la délicieuse saveur.

Les Caldera, exploitant le domaine Frantoio Valtenesi depuis les années 1960, sont membres de l'association des Mastri Oleari.

L'huile Mirum est une « huile de la propriété » fabriquée avec 70 % d'olives Leccino et 30 % d'olives Casaliva.

Elle possède un arôme suave de pomme et d'amande. Son parfum est doux et fruité, avec une délicate touche de noisette grillée. Elle est très légèrement poivrée, ce qui lui donne un arrière-goût succulent.

PRODUITS

Huile d'olive vierge extra
Mirum
Huile d'olive vierge extra
Arzane
Huile d'olive vierge extra
Gardolio

Olives de table en saumure, avec ou sans noyau

Purée d'olive

N *Arzane di Polpenazza, Brescia, Lombardie (Italie)*

De 30 000 à 40 000 bouteilles au total

★★★ *Première catégorie*

Non

Oui

~~~~~~~~

Fattoria

MONTEVERTINE

~~~~~~~~~

Cette petite propriété vinicole, située près de Radda in Chianti, produit de l'huile d'olive vierge extra de première catégorie issue d'une ancienne oliveraie qu'on a agrandie avec de nouveaux arbres.

Le domaine Montevertine est une entreprise familiale typiquement italienne. Il fut acheté en 1967 par Sergio Manetti, qui en assure l'exploitation, aidé de son gendre, de ses trois enfants, et de la famille de Bruno Bini.

On utilise trois variétés d'olives, en proportions égales. Ce sont les Correggiolo, les Moraiolo et les Leccino. Elles sont récoltées à la main, à partir de début décembre, puis broyées et pressées artisanalement.

L'huile présente un arôme prononcé d'olive fraîche, d'herbe coupée et de peau de pomme râpée. Son goût est doux-amer, avec un parfum fruité où domine la noisette. Elle est moyennement poivrée, avec un arrière-goût sucré.

Sergio Manetti ne s'occupe pas seulement des vignes et des oliveraies : il collectionne aussi le matériel agricole. En quarante ans, il a rassemblé une étonnante collection aujourd'hui accueillie dans un petit musée ouvert toute l'année, qui vaut la peine d'être visité.

Radda in Chianti, Sienne, Toscane (Italie)

De 1,3 à 1,4 tonne

★★★ *Première catégorie*

Oui

Oui, sur rendez-vous
~~~~~~~~~

Pipolo Silvio

NATIVO

Cette huile d'olive vierge extra d'une délicieuse fraîcheur, sélectionnée pour représenter la Campanie au concours national «Ercole Olivario» 1995, y a remporté le troisième prix.

Cette petite propriété familiale est située dans un coin retiré de Campanie, entre Laurino et Valle dell'Angelo. Les oliveraies donnent des olives Biancolilla Del Cervati qui servent à faire l'huile Nativo. L'exploitation vend aussi deux autres huiles issues d'olives Frantoio, Rotondella et Biandicolilla, cultivées sur des propriétés voisines.

L'huile Nativo est obtenue par le système *percolamento naturale a freddo* (égouttement à froid); on la fait ensuite décanter trois fois avant de la mettre en bouteille. Elle se caractérise par un arôme de pomme fraîchement râpée, avec une touche de chocolat. Sa nuance modérément poivrée s'estompe en un arrière-goût exquis de noisette.

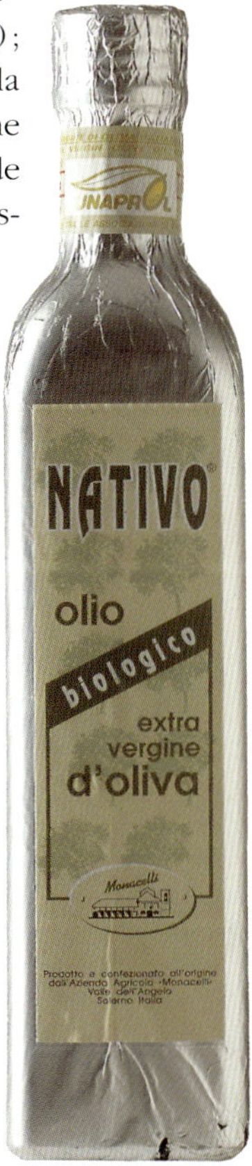

PRODUITS

Huile d'olive vierge extra Nativo

Huile d'olive vierge extra Viride

Huile d'olive vierge extra Valle dell'Angelo

Laurino, Campanie (Italie)

10 400 litres

★★ *Extrêmement bonne*

Non

Oui

Nuñez de Prado

Cette merveilleuse huile d'olive vierge extra d'Andalousie, lauréate de nombreux prix, renferme dans sa «fleur» l'expérience de sept générations.

Le moulin de Santa Lucia, où la famille Nuñez de Prado broie et presse ses olives depuis 1795, est situé au cœur de Baena. Cette région d'Appellation d'Origine produit les huiles parmi les plus douces d'Espagne.

La société possède maintenant 750 hectares d'oliveraies sur quatre propriétés. Elles donnent des olives Picudo, Hojiblanca et Picual. Il existe encore trois ou quatre vieux arbres à plusieurs troncs dans la propriété, mais la majorité des arbres sont à tronc unique et plantés beaucoup plus serrés que par le passé. On pratique ici la culture biologique, en n'utilisant ni engrais artificiel, ni pesticides.

Le fruit est cueilli à la main et lavé sur place, dans l'oliveraie, avant d'être acheminé au moulin de Santa Lucia. Les olives sont ensuite broyées artisanalement à la meule de pierre. Pour obtenir le «suint» (yema) ou la «fleur» (flor) de l'huile, la pâte d'olive est soumise à une extraction partielle, dans des tambours qui tournent lentement sur eux-mêmes.

Santa Lucia, Baena, Andalousie (Espagne)

100 tonnes par extraction partielle et 100 tonnes par pressurage traditionnel

★★★ *Excellente*

Non

Oui, le matin seulement

Picada catalane pour coquilles Saint-Jacques ou crevettes en sauce tomate

Confectionnez une sauce en faisant revenir des échalotes et de l'ail dans de l'huile d'olive vierge extra avec des tomates fraîches grossièrement coupées. Ajoutez de la purée de tomates et assaisonnez selon votre goût. Puis faites dorer une tranche de pain blanc dans de l'huile d'olive vierge extra. Coupez le pain en morceaux et écrasez-le dans un mixer avec 2 cuillerées à soupe d'amandes moulues, ½ poivron rouge, un peu d'aneth et de persil haché, et une pincée de thym. Vous obtenez de la picada. Réservez et faites rapidement revenir des coquilles Saint-Jacques ou des crevettes pendant 2 à 3 minutes. Incorporez la picada dans la sauce tomate et garnissez chaque coquillage avec une cuillerée de cette sauce.

Peu à peu, l'huile s'écoule librement. Il faut 12 kg de pâte pour obtenir 1 litre d'huile selon cette technique.

L'huile est conditionnée dans une bouteille carrée spéciale portant une étiquette numérotée. Les bouchons sont scellés à la cire. Cette excellente huile d'olive vierge extra, à l'arôme et au parfum très constants, varie fort peu d'une année sur l'autre. Son arôme est très fruité, avec du citron, de la pomme, du melon, du fruit de la passion et de la banane. Son goût est tout aussi succulent, avec le même parfum exotique. Il y a juste une touche de poivre avec un arrière-goût sucré, aussi agréable que subtil.

Salmorejo

Confectionnez d'abord la garniture de cette soupe. Faites durcir un œuf et faites frire une grosse tranche de pain dans de l'huile d'olive vierge extra. Coupez l'œuf et le pain en dés lorsqu'ils ont refroidi, et ajoutez 3 cuillerées à soupe de jambon serano coupé en morceaux. Réservez. Dans un robot ménager, hachez 1 livre de miettes de pain frais humectées avec 1 gros poivron épépiné, 250 g de tomates mûres, 3 gousses d'ail et 25 cl d'huile d'olive vierge extra Nuñez de Prado. Ajoutez une goutte de vinaigre de cerise. Saupoudrez de garniture et servez.

Oakville Grocery Co.

Cette boutique de St Helena en Californie propose une gamme d'huiles d'olive vierge extra de plus en plus fournie, à la mesure de l'intérêt croissant que les Américains portent à l'huile d'olive.

Actuellement, les huiles d'olive de l'Oakville Grocery sont pressées par Nick Sciabica and Sons, dans leur moulin de Modesto, en Californie. La principale huile Oakville est le produit d'un mélange spécial d'olives Mission et Manzanillo cultivées dans la Central Valley californienne.

L'huile d'olive vierge extra possède un léger arôme de pomme et de noisette. Son parfum est léger aussi, avec des notes de noisette et de verdure.

Oakville Grocery commercialise également de l'huile extraite d'olives cultivées dans la Napa Valley (50 caisses l'année dernière). La gamme de ces huiles d'olive californiennes devrait s'élargir dans les années à venir.

St Helena, Californie (États-Unis)

Non connue

★★ *Très bonne fraîche*

Non

Oui

Olis di Catalunya

OLEASTRUM

Cinquante-huit producteurs de coopératives des régions de Siruana et de Les Garrigues (régions de dénomination d'origine contrôlée) se sont regroupés pour commercialiser leur huile d'olive vierge extra sous la marque Oleastrum.

Ce consortium catalan créé en 1993 compte maintenant 3 200 membres actifs. La région D.O.C. de Siruana se trouve autour de Tarragone. Elle s'étend de la côte au sud de Barcelone, à l'intérieur des terres jusqu'à La Palma de Ebro et Margalef de Montsant. La région d'appellation Les Garrigues se situe plus à l'intérieur, au sud de la ville de Lérida. Cette région D.O.C. était naguère connue sous le nom de Borgas Blancas.

Pour recevoir la D.O.C., les huiles doivent être issues d'olives Arbequina uniquement. La récolte se fait à la main et les olives sont transformées par centrifugation à froid. Toutes les bouteilles sont authentifiées et numérotées.

L'huile d'olive vierge extra Oleastrum possède un agréable arôme de pomme râpée et de citron avec une touche d'amande. Son parfum est léger et fruité, avec une note de noisette grillée. Elle est légèrement à moyennement poivrée, mais très douce, et se prête à maints usages culinaires.

Bames, Barcelone (Espagne)

185 000 litres

★★

Non

Sur rendez-vous

Podere di Ursini

OPERA MASTRA ET GENTILE DI CHIETI

Cette propriété familiale, située sur la côte adriatique, produit des huiles d'olive vierges extra étonnamment savoureuses, capables de rivaliser avec les meilleures huiles provenant d'autres régions d'Italie.

Giuseppe Ursini perpétue la tradition familiale en accordant un soin particulier à la qualité dans l'exploitation de sa vaste propriété des Abruzzes, au sud de Pescara. Les Ursini produisent de l'huile depuis quatre générations. Ils sont membres de la prestigieuse association des Mastri Oleari.

Les oliveraies, situées sur un beau promontoire dominant le golfe de Vénus, donnent des olives Gentile, variété reine dans cette partie du monde, ainsi que des olives Leccino, Nebbio et Cucco.

Toutes les olives sont cucillics à la main (la récolte commence début novembre pour s'achever fin décembre). Elles sont ensuite broyées selon des procédés artisanaux et pressées à la presse hydraulique ou par centrifugation.

L'huile Opera Mastra en particulier présente un goût unique de verdure, de fleur sauvage et de foin frais coupé, caractéristique de l'huile obtenue avec des olives Gentile. Sa senteur est fraîche et fruitée, avec une note de pomme et de verdure. Son goût évoque la coriandre fraîche, l'estragon et les épices, avec une touche de salade et

San Giovanni in Venere, Fossacesia, Abruzzes (Italie)

35 200 litres

★★★ *Excellente*

Non

Oui, sur rendez-vous

de « poivre ». Elle ne nécessite aucun ingrédient supplémentaire pour devenir une excellente sauce de salade.

L'huile Gentile di Chieti est également douce, mais son parfum est moins prononcé, avec moins de verdure et plus de noisette et d'amande. C'est une huile fine, légèrement à modérément poivrée.

Giuseppe Ursini fait aussi de l'Agrumolio, une huile parfumée aux fruits, dotée d'un goût intense qui provient du broyage des olives avec des oranges et des citrons. Cette huile s'utilise seule, comme condiment pour assaisonner des légumes ou du poisson juste cuits.

Poisson rôti avec des olives à l'orange

Disposez de belles tranches de poisson ou un poisson entier dans un plat, arrosez avec de l'huile d'olive additionnée d'un peu de vin blanc. Parsemez d'une douzaine d'olives noires parfumées à l'orange et entourez le poisson de morceaux de zeste d'orange ; couvrez et faites cuire au four. Assaisonnez avec du poivre frais du moulin.

Produits

Huile d'olive vierge extra Opera Mastra
Huile d'olive vierge extra Gentile di Chieti
Huile d'olive vierge extra Agrumolio, parfumée à l'orange ou au citron

----

Olives noires à l'écorce d'orange
« Olives cassées » au fenouil ou aux piments

Purée d'olives noires
Purée d'olives vertes

Légumes à l'huile d'olive

Tenuta dell'

ORNELLAIA

La Tenuta dell'Ornellaia est exploitée par le marquis Lodovico Antinori, indépendamment des autres propriétés familiales. Le domaine produit un vin excellent et une huile d'olive vierge extra de première catégorie.

Située non loin de la mer, dans un coin pittoresque de la Toscane, à une centaine de kilomètres au sud de Florence, la propriété entretient 1 700 oliviers en pleine vigueur. Les oliveraies sont à flanc de montagne, en bordure de marécages, entre Bolgheri et Castagneto Carducci. Elles jouxtent l'exploitation de Tenuta San Guido qui appartient à l'oncle du marquis.

Les arbres, plantés dans un sol pauvre, entre les broussailles des marécages et les chênes-lièges, sont exposés aux vents marins. Les olives, très petites, ont un parfum intense qui donne à l'huile un caractère affirmé. Ce sont des olives typiquement toscanes : Frantoio, Moraiolo et Leccino. La cueillette commence tôt, le 25 octobre, et se poursuit jusqu'à la fin décembre. Les olives sont broyées artisanalement.

L'huile d'olive vierge extra Tenuta dell'Ornellaia possède un charmant arôme d'herbe, de pomme et de salade. Son parfum est frais et fruité avec une touche d'amertume, et légèrement poivré. Son arrière-goût est délicat, agréablement feuillu.

- *Bolgheri, Livourne, Toscane (Italie)*
- *Non connue*
- ★★★ *Première catégorie*
- *Oui*
- *Sur rendez-vous uniquement*

Pasolini Dall'Onda

Laudemio

~~~~~~~~

Membre du consortium italien Laudemio, l'huile d'olive vierge extra de la propriété Pasolini Dall'Onda provient d'une propriété toscane dont l'histoire remonte au XIVe siècle.

Les oliveraies, qui appartiennent à la comtesse Pasolini Dall'Onda, jouxtent l'ancien Palazzo dei Pandolfini de Barberino Val d'Elsa en Toscane. Le village et ses alentours, situés à mi-chemin entre Florence et Sienne, furent la propriété de la famille Pandolfini jusqu'en 1573, avant que les Pasolini Dell'Onda en héritent.

Le domaine produit des vins de Chianti d'excellente qualité et deux huiles d'olive. L'une est commercialisée sous la marque Laudemio (cherchez la date de récolte sur l'étiquette), et l'autre sous le nom de la propriété. Toutes deux sont composées de 50% d'olives Frantoiano, de 30% de Morellino et de 20% de Leccino. L'huile Laudemio est faite avec des olives de premier choix.

Les oliveraies sont plantées sur un terrain bien adapté à la culture des olives, par sa configuration comme par la nature de son sol. Les olives sont cueillies à la main et transformées artisanalement.

Barberino Val d'Elsa, Florence, Toscane (Italie)

De 1,2 à 1,3 tonne

★★ *Extrêmement bonne*

Oui

Sur rendez-vous
~~~~~~~~

L'huile Laudemio a un fort arôme d'herbe fraîchement coupée et de pomme râpée, avec une touche de noisette ; son goût aussi, mais teinté d'amertume et très poivré. Son arrière-goût délicat a une note de noisette. L'arôme léger et fruité de la seconde huile évoque l'olive chaude, la pomme et l'amande. Son goût est sucré avec une touche de noisette, et son arrière-goût fortement poivré.

SAUMON À LA SAUCE BARBERINO

Disposez quatre tranches de saumon dans une sauteuse. Ajoutez un oignon et 1 carotte, recouvrez d'eau. Portez à ébullition et laissez bouillir pendant 1 minute. Éteignez le feu et laissez reposer le saumon pendant 15 minutes. Recueillez 25 cl de bouillon de poisson et faites-le bouillir avec une poignée d'herbes fraîches (aneth, persil, basilic, laurier) pendant 5 minutes. Enlevez les herbes. Faites fondre une noix de beurre dans une petite casserole, versez 2 cuillerées à soupe rases de farine et remuez. Ajoutez le bouillon et portez à ébullition. Transvasez dans un mixer et mélangez, en ajoutant peu à peu 10 cl d'huile d'olive vierge extra. Versez dans des assiettes individuelles et posez les tranches de saumon dessus.

Phoenician Olive Oil

Manzanillo

L'Arizona est un lieu d'implantation inattendu pour cette nouvelle société qui presse des olives cultivées sur la réserve indienne de Gila River, au nord du désert de Sonora, à une trentaine de kilomètres au sud de Phoenix.

Le projet vit le jour à la fin des années 1980, lorsque la Communauté Indienne accepta de planter deux cents oliviers Manzanillo par an, dans le cadre de son programme agricole. En 1994, la récolte fut suffisamment importante pour que l'on commence à presser les premières olives.

Elles sont cueillies à la main entre septembre et décembre, puis acheminées au moulin de la Phoenician Oil Company, où l'on extrait l'huile par centrifugation à froid.

Lorsqu'elle est fraîche, cette huile dégage un agréable arôme végétal de pomme râpée. Son parfum est végétal également, avec un arrière-goût teinté d'amertume boisée. Cette huile est peu poivrée.

La société produit aussi de l'huile issue d'olives Pendolino, à Caborca, au Mexique. Elle n'est pas aussi bonne que l'huile de Gila River.

- *Phoenix, Arizona (États-Unis)*
- *75 tonnes au total*
- *Assez bonne*
- *Non*
- *Oui, sur rendez-vous*

PODERE COGNO

Cette huile d'olive vierge extra, très subtile, est produite par une famille anglaise installée en Toscane. Elle est issue d'olives récoltées sur des oliviers dont certains on moins de dix ans et d'autres plus de six siècles.

Ce domaine, laissé à l'abandon lors de la désertification rurale des années 1960, fut racheté par Alexander Oldbrook et sa femme Eva. L'oliveraie, orientée ouest/nord-ouest, compte 1 600 oliviers, dont certains sont d'origine, les autres ayant été plantés par les Oldbrook dès leur arrivée, ou bien après les gelées de 1985 en remplacement des arbres dévastés.

La propriété s'enorgueillit maintenant de deux oliveraies supplémentaires : l'une, plantée il y a six ans sur une terrasse orientée au sud, compte 1 000 arbres ; et l'autre, toute nouvelle, plantée sur des terrasses récemment défrichées, compte 400 arbres. Les olives sont récoltées à la main à partir de mi-novembre, puis sont pressées par centrifugation à froid. On peut acheter de l'huile filtrée ou non filtrée.

L'huile est issue d'olives Frantoio (80 %), Moraiolo (10 %) et Leccino (10 %). Elle a un riche arôme fruité, avec une touche d'oseille amère et d'herbe coupée. En vieillissant, elle prend un arôme de noisette chocolaté, teinté de vanille. La saveur de l'huile jeune évoque la salade amère et le foin coupé ; elle est bien poivrée. Son arrière-goût douceâtre va s'atténuant et tend vers la noisette ou le gâteau.

- *Castellina in Chianti, Sienne, Toscane (Italie)*
- *2 tonnes*
- ★★ *Extrêmement bonne*
- *Non*
- *Sur rendez-vous seulement*

Poggio Lamentano

Lorsqu'elle a acheté cette propriété toscane en 1961, la famille Zyw était néophyte en matière d'oléiculture. Aujourd'hui, elle produit une huile d'olive vierge extra appréciée de tous.

À la Renaissance, Léonard de Vinci imagina un mode de vie basé sur la créativité et le travail de la terre. Cette vision est devenue réalité à Poggio Lamentano, où l'on pratique aussi bien l'oléiculture que la peinture.

Alexander Zyw, artiste peintre, acheta cette propriété en 1961. Son fils Michael, peintre lui aussi, vint s'installer avec sa famille dans les

Carpaccio vert

Cette recette vient du restaurant « Il Bugaile » à Guardistallo. Coupez deux bulbes de fenouil en fines rondelles. Disposez-les sur des assiettes et garnissez-les avec des champignons crus finement émincés et des copeaux de parmesan frais. Ajoutez quelques gouttes de citron, du sel et du poivre, ainsi qu'une copieuse ration d'huile d'olive vierge extra Poggio Lamentano.

Castagneto Carducci, Livourne, Toscane (Italie)

De 3,5 à 5,8 tonnes

★★★ *Excellente*

Non

Oui, sur rendez-vous

années 1970. La famille se charge de tout le travail d'exploitation, sauf de la cueillette qui demande plus de personnel.

Au cours des ans, les Zyw ont mis au point une huile lauréate, qui a attiré l'attention d'un célèbre auteur britannique de livres de cuisine, Elizabeth David. Celle-ci contribua à introduire l'huile d'olive en Grande-Bretagne et commercialisa cette huile dans sa boutique londonienne.

La propriété est située non loin de la côte, au sud de Livourne, dans un secteur peu touristique. Les oliveraies sont plantées à flanc de montagne ; certains arbres sont vieux de deux cents ans ou plus. Les fruits de ces arbres sont mélangés à la récolte d'une jeune plantation datant de dix à douze ans.

Les olives sont cueillies à la main de fin octobre à début décembre. L'huile, pressée artisanalement ou par centrifugation, n'est pas filtrée. Le mélange comprend 60 % d'olives Moraiolo, 30 % de Frantoio, 5 % de Leccino et 5 % de Pendolino.

Cette huile d'olive fraîche, a l'arôme de peau de pomme et d'herbe coupée, et au goût riche, avec une touche de verdure et de noisette, n'agresse pas le palais et est moyennement poivrée.

La silhouette d'un cueilleur d'olives.

Ponder Estate

Cette petite propriété se consacre au développement de variétés d'olives adaptées au climat de l'Australie et de la Nouvelle-Zélande.

Mike Ponder et sa femme Diane ont acquis ce terrain, situé à Blenheim, dans le comté de Marlborough, en 1987. Pour créer leur oliveraie, ils ont fait venir 200 oliviers Barnea d'Israël, puis 200 autres l'année suivante. Ils ont maintenant 3 000 arbres qui donnent déjà 20 000 litres d'huile d'olive vierge extra.

Les Ponder sont persuadés que la Nouvelle-Zélande peut devenir un important producteur d'huile d'olive de grande qualité. Ils sont sur la bonne voie.

Leur huile est issue d'olives Barnea (90 %) et Manzanillo (10 %). Cet état de fait pourrait bien se transformer, car les oliveraies comptent une quinzaine de variétés différentes. Les arbres sont plantés sur des sols plats, caillouteux, bien drainés.

Les olives sont ramassées au peigne dans des filets en tissu et pressées selon des méthodes artisanales. On obtient une huile à l'arôme intense de peau de pomme fraîchement râpée. On retrouve la pomme dans le goût, mais mélangée au foin frais, à la salade amère, avec une touche d'amande grillée et de chocolat. Elle est très parfumée, sans être sucrée. Fortement poivrée, elle est teintée de noisette en fond de bouche.

Blenheim, Marlborough (Nouvelle-Zélande)

2 000 litres

★★★ *Première catégorie*

Oui

Oui, d'octobre à mai

Possenti Castelli

Une des oliveraies du domaine Possenti Castelli a été plantée aux environ de 1640 pour remplacer celle qui avait été dévastée par le gel. Les risques inhérents à la culture de l'olive sont toujours les mêmes à plusieurs siècles d'intervalle!

Le domaine Possenti Castelli est situé sur les collines de l'Ombrie, près de Rocca San Zenone, juste à l'est de Terni. Certains oliviers sont là depuis si longtemps qu'ils sont particulièrement gigantesques. Ils forment un étrange contraste avec les oliveraies récentes, plantées selon la tendance actuelle.

Les principales variétés sont les Frantoio et les Moraiolo, avec un peu de Leccino. La récolte s'étale de novembre à janvier. Les olives sont cueillies à la main et pressées artisanalement.

L'huile d'olive vierge extra Possenti Castelli, fine et subtile, a un arôme très fruité, avec beaucoup d'herbe coupée et de salade. Son parfum, doux et riche, a une note poivrée et de salade verte.

Produits

Huile d'olive vierge extra
Huiles d'olive vierges extra parfumées

Purées d'olive

Sauce de Minuit
Sauce du Diable

Rocca San Zenone, Terni, Ombrie (Italie)

26 tonnes

★★★ *Première catégorie*

Non

Oui, sur rendez-vous

Antica Azienda

RAINERI

Prela, Riviera Ligure di Ponente et Selezione Primavera Mosto

Cette firme ligurienne renommée propose de l'huile d'olive vierge extra de sa propre exploitation, située dans le vieux village de Praelo, ainsi que des huiles mélangées provenant de toute la région de Ponente.

L'exploitation Raineri se trouve au cœur du territoire de l'olive, dans la vallée de La Valletta, à une vingtaine de kilomètres à l'intérieur des terres. Elle est protégée au nord par les Alpes Maritimes et ses oliviers prospèrent sur le sol crayeux de la région. C'est le royaume de l'olive Taggiasca, seule variété utilisée pour les huiles Raineri.

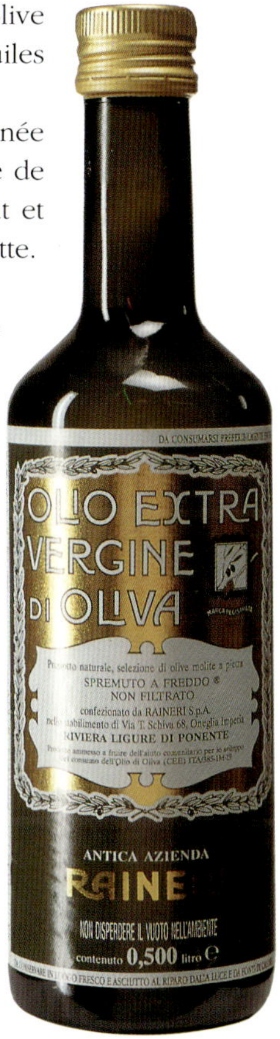

L'huile d'olive vierge extra Prela, conditionnée dans une longue et jolie bouteille, est l'huile de la propriété Raineri. Elle a un parfum délicat et sucré, avec un mélange de fruits et de noisette. Elle est légèrement poivrée.

Vous pourrez aisément reconnaître l'huile d'olive vierge extra Raineri Riviera Liguria di Ponente grâce à son enveloppe de papier doré. Elle présente un arôme citronné, d'une délicieuse fraîcheur, avec des notes de pomme et d'amande. Son parfum est délicat, sucré, composé d'un mélange de citron et d'amande. Son goût légèrement poivré forcit rapidement, mais son arrière-goût est suave.

- N *Imperia, Ligurie (Italie)*
- *Non connue*
- ★★ *Extrêmement bonne*
- *Non*
- *Non*

Conservas

Rainha Santa et Triunfo

~~~~~~~~~

Cette société est dirigée par un couple d'Anglais qui va chercher son huile dans l'Alentejo, une région de l'est du Portugal.

Mervin et Katherine Clements ont acheté Conservas Rainha en 1990. La compagnie est spécialisée en olives et en huile d'olive, mais étonnamment aussi dans les délicieuses prunes en bouteilles Elvas.

L'huile Rainha Santa est à 100 % issue d'olives Galega cultivées par des exploitants d'Estremoz, dans l'Alentejo, alors que l'huile Triunfo est issue d'olives cultivées entre Estremoz, Borba et Elvas.

Les oliveraies sont en majorité biologiques. Les olives, récoltées de la fin novembre jusqu'à fin décembre, sont broyées et pressées traditionnellement.

L'huile Rainha Santa dégage un léger arôme citronné, avec une touche d'herbe et de terre. Son parfum très distinctif est composé de senteurs aromatiques d'herbe sèche, d'aiguille de pin et de gingembre séché.

Estremoz, Alentejo (Portugal)

20 000 litres

★★ *Très bonne*

Non

Oui
~~~~~~~~~

Azienda Agricola

Ravida

Grâce à cette délicieuse huile d'olive vierge extra biologique, la Sicile a trouvé une place de choix sur la carte des huiles d'olive de qualité. En 1993, l'huile Ravida fut la première huile sicilienne à gagner le prestigieux « Orciolo d'Oro ».

La famille Ravida, maintenant installée en partie à Rome et en partie en Sicile, a vu sa destinée s'unir à celle du magnifique domaine La Gurra dès le milieu du XVIIIe siècle. Située au sud de l'île, près de Menfi, la propriété est dominée par une bâtisse du XVIe siècle construite face à la Méditerranée et au temple grec de Selinonte.

Elle s'enorgueillit de 65 hectares d'oliveraies et 60 hectares de vignes et vergers de citronniers, ainsi que de champs d'artichauts et de blé. L'exploitation, qui pratique l'agriculture biologique, n'utilise ni engrais ni pesticides.

Les oliveraies donnent des olives Cerasuola et Biancolilla, ainsi qu'une petite quantité d'olives Nocellara del Bellice, qui sont aussi utilisées pour la table. La récolte commence début novembre, quand les olives Cerasuola virent du vert au violet, alors que les deux autres variétés ne sont pas encore mûres. Les olives, cueillies à l'aide de peignes vibrants, tombent dans des filets et sont ensuite pressées par centrifugation à froid dans les huit heures qui suivent la cueillette. L'huile n'est pas filtrée.

Menfi, Agrigente, Sicile (Italie)

19 800 litres

Excellente

Oui

Sur rendez-vous seulement

Demeure et propriété de la famille Ravida.

Cette huile caractéristique possède un arôme intense de pomme acide et de salade coupée, avec une infime nuance de peau de tomate. Au bout d'un moment, l'arôme s'adoucit et la tomate se fait davantage sentir. La saveur est également très affirmée, avec de l'olive, de la pomme, et un goût d'herbe qui devient amer et poivré. L'arrière-goût est d'une agréable douceur, avec un parfum évoquant l'oseille douce-amère.

Nicolo Ravida, l'actuel propriétaire, se passionne à éduquer le goût des gens en matière d'huile d'olive. Sur son domaine, il organise des événements culinaires et des stages de cuisine avec les meilleurs chefs.

SALADE D'HIVER

Coupez deux bulbes de fenouil en quatre et mettez-les dans l'eau chaude pendant 10 à 15 minutes. Rincez, égouttez et coupez en fines rondelles. Coupez en rondelles 1 orange et 1 pomme. Mélangez les trois ingrédients dans un saladier avec des feuilles de salade amère et des olives noires. Salez et nappez d'une copieuse quantité d'huile d'olive.

Conservas

Rocca Delle Macie

~~~~~~~~~

Cette célèbre propriété vinicole de la région du Chianti Classico, au centre de la Toscane, produit elle aussi une huile d'olive vierge extra de première catégorie.

Située sur une route des vins réputée, à Castellina-in-Chianti, à mi-chemin entre Florence et Sienne, cette propriété appartient à une société dirigée par le producteur de cinéma Italo Zingarelli.

L'huile d'olive vierge extra est élaborée avec des variétés d'olives typiquement toscanes, cueillies à la main en octobre. On obtient une huile à l'arôme et au parfum délicieux de peau de pomme râpée, avec une note intéressante d'herbe et de salade amère, et beaucoup de « poivre ». L'arrière-goût est agréablement sucré.

Produits

Huile d'olive vierge extra
Triunfo

Olives vertes à l'huile et aux herbes mélangées
Olives Galega noires à l'huile et aux herbes mélangées
Mélange Beira Baxa
Tapenade d'Elvas vertes
Tapenade de Galega noires

N *Castillina in Chianti, Toscane (Italie)*

Non connue

★★★ *Première catégorie*

Oui

Non connu
~~~~~~~~~

Fattoria

Roi

Les olives qui servent à fabriquer cette huile sont les fruits d'arbres séculaires plantés à flanc de colline, derrière Taggia, à l'ouest de la Ligurie.

La Fattoria Roi, créée en 1900, est maintenant installée dans de nouveaux locaux à Badalucco sur les rives de l'Argentina qui faisait tourner la meule auparavant. Pippo Roi, petit-fils du fondateur, a modernisé son outil, installé l'électricité et réorganisé les oliveraies.

Les olives proviennent en majorité de vieilles oliveraies plantées en terrasses, entre 60 et 450 mètres d'altitude. Ce sont des Taggiasca uniquement. La récolte dure de novembre à mars. Dès qu'elles sont ramassées, les olives sont broyées et pressées à l'ancienne. Un pourcentage des récoltes seulement sert à fabriquer de l'huile, le reste des olives terminent sur la table ou en pâte.

L'huile d'olive vierge extra Roi a un léger arôme d'amande, avec une touche de pomme et d'herbe. Son parfum est doux, teinté de noisette, légèrement poivré, avec une amertume un peu âpre en arrière-goût. C'est une huile complexe et délicate, qui s'utilise dans toutes les cuisines.

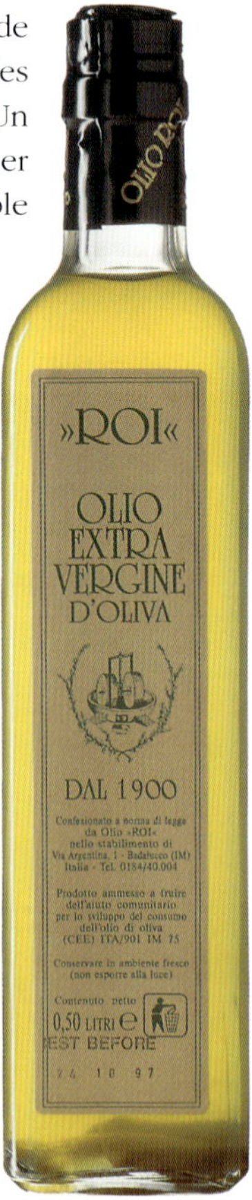

Badalucco, Ligurie (Italie)

2 500 litres de Carte Noire, 29 500 à 60 000 litres au total

★★★ *Première catégorie*

Non

Oui, sur rendez-vous

Olex

Romanico

~~~~~~~~~

C'est la marque déposée des huiles d'une coopérative catalane de grande notoriété.

La coopérative Olex, créée il y a un demi-siècle, travaille actuellement avec plus de six mille oléiculteurs des quarante-deux villages de la région de Lérida. Il y a quelques années, une trentaine d'exploitants de l'un de ces villages optèrent pour l'agriculture biologique et prohibèrent pesticides et engrais artificiels.

Les deux huiles sont issues d'olives Arbequina. L'huile d'olive vierge extra Romanico possède un arôme de melon, de citron et d'amande. Sa saveur est subtilement teintée de noisette et de feuille coupée, avec une note poivrée qui va crescendo, mais son arrière-goût est délicatement fruité.

L'huile d'olive vierge extra biologique offre un arôme de fruits tropicaux avec beaucoup de fruit de la passion et de melon. Son parfum est encore plus doux que celui de l'huile ordinaire, avec des fruits tropicaux, du citron teinté d'œuf, et bien poivré en fond de bouche. Avec le temps, l'huile acquiert un parfum encore plus complexe, avec une touche de café ou de chocolat.

N *Les Borges Blanques, Les Garrigues, Lérida, Catalogne (Espagne)*

Non connue

★★ *Extrêmement bonne (Romanico)*

★★★ *Première catégorie (Romanico biologique)*

Non

Non
~~~~~~~~~

Sadeg Biologique

Cette huile d'olive vierge extra, au délicat goût de noisette, doit son label de qualité à l'association de plusieurs facteurs : une oliveraie plus que centenaire, le choix de la culture biologique et le désir de produire la meilleure huile.

Le ranch Sadeg est situé à Palerme, en Californie, à une petite centaine de kilomètres au nord de Sacramento. Le climat de cette région ainsi que la physionomie du paysage rappellent la capitale de la Sicile et ses environs, d'où le nom de Palerme. Les étés sont en effet très chauds et secs, les hivers frais et humides. C'est une région où l'on pratique diverses activités agricoles : culture du riz et du blé, élevage de bovins.

Les oliveraies donnent des olives Manzanillo et Mission ; seules ces dernières sont pressées pour faire de l'huile. Les oliviers sont certifiés par l'Organic Crop Improvement Association (Association pour le Développement de l'Agriculture Biologique), et seuls des engrais et pesticides naturels sont utilisés.

Les olives sont cueillies à pleine maturité, entre décembre et janvier, lorsqu'elles sont noires. Elles sont pressées par centrifugation à froid. La récolte un peu tardive donne une huile très douce, au goût de beurre.

L'huile a un arôme riche, teinté de citron et de pomme, et une saveur d'olive mûre et d'amande. Peu poivrée, elle est idéale pour les amateurs d'huile légère.

- *Palerme, Californie (États-Unis)*
- *De 3 800 à 5000 litres*
- ★★ *Très bonne*
- *Non*
- *Sur rendez-vous seulement*

Azienda Agricola

S. Cristina

~~~~~~~~~

La famille Zenato, propriétaire d'oliveraies situées sur les rives du lac de Garde, fabrique une huile d'olive vierge extra biologique d'une douceur très agréable.

L'Azienda Agricola S. Cristina se trouve à San Benedetto di Lugana, près de Peschiera del Garda. Outre l'huile, la famille Zenato produit des vins fins : les vignes sont présentes sur la propriété depuis 1930.

Les olives utilisées pour faire l'huile d'olive vierge extra S. Cristina sont un mélange de Frantoio, de Leccino et de Casaliva, mais la variété dominante est la Frantoio. Les olives sont pressées selon des procédés artisanaux.

L'huile d'olive vierge extra S. Cristina possède un arôme léger et fruité. Son goût est riche et sucré, avec une note d'amande qui donne une légère amertume en fond de bouche. Elle est très peu poivrée. C'est une huile sans agressivité, qui convient à presque tous les plats.

Mettez-en tout simplement sur du pain, dans les sauces de salade ou versez-la en filet sur du poisson grillé. Elle est aussi recommandée pour faire frire des tranches de polenta, spécialité de la Vénétie. Garnissez-les ensuite de champignons de bois, que vous aurez fait revenir dans l'huile avec de l'ail et du fenouil.

- N *Benedetto di Lugana, Peschiera del Garda, Vérone (Italie)*
- *3 750 litres*
- ★★ *Extrêmement bonne*
- *Oui*
- *Oui*
~~~~~~~~~

Tenuta

SAN GUIDO

Cette huile d'olive vierge extra de Toscane, assez épicée, vient de la propriété qui produit le fameux vin Sassacaia, connu dans le monde entier.

Le domaine de Tenuta San Guido est situé à 50 mètres au-dessus du niveau de la mer, non loin de la côte, près de Bolgheri au sud de Livourne. Il s'étend sur 3 000 hectares, dont 130 plantés d'oliviers ; le reste se partage entre les vignes et diverses autres cultures.

Les oliveraies donnent des olives Frantoio, Reggiola et Moraiolo. Elles sont cueillies à la main en novembre et début décembre, broyées à la ferme et pressées à faible pression. L'huile n'est pas filtrée.

Son arôme est insolite, teinté d'olive, de pomme et d'épices, avec une note de réglisse. Elle offre un goût d'herbe et de noisette, avec une touche d'oseille amère et de poivre persistant. Elle est excellente sur du pain, mais on peut aussi l'utiliser pour la cuisson. Servez-la avec des juliennes, des pâtes et des viandes grillées.

N *Bolgheri, Livourne, Toscane (Italie)*

22 300 litres

★★★ *Première catégorie*

Oui

Oui, sur rendez-vous

San Giuliano

Cette huile d'olive vierge extra vient d'une région de Sardaigne connue sous le nom de « Pays de l'Or ». Elle possède une délicieuse saveur fruitée.

Depuis trois générations, la famille Manca cultive ces terres, au nord-ouest de la Sardaigne, près d'Alghero. La propriété comprend des oliveraies et des champs de légumes dont le produit est presque entièrement conservé dans l'huile d'olive.

Les oliviers donnent des olives Bosese et Frantaiona qui sont cueillies à la main et pressées artisanalement entre octobre et février. Pour fabriquer l'huile d'olive vierge extra San Giuliano on mélange 70 % d'olives Bosese et 30 % d'olives Frantoiana. L'huile a un arôme très fruité de citron, de pomme et de peau de tomate, et un goût fort fruité, avec des parfums de fleurs sauvages, et légèrement poivré.

Le domaine produit aussi l'huile d'olive vierge extra Fruttato issue d'olives cueillies pendant les quinze premiers jours de novembre et pressées artisanalement. Le mélange comprend 50 % de chaque variété d'olives. L'huile a un merveilleux arôme de peau de tomate et de pomme, et un parfum riche en fruit, avec une note de salade verte, un peu de poivre et un arrière-goût délicatement raffiné.

Alghero, Sassari, Sardaigne (Italie)

685 000 litres au total

★★★ *Excellente*

Non

Oui, sur rendez-vous

Salade panzanella

Versez de l'eau sur deux ou trois tranches épaisses de pain de campagne. Pressez les tranches de pain pour en exprimer l'eau et hachez-les. Mélangez le pain haché avec des tomates hachées, des tranches d'oignons rouges et beaucoup de basilic frais. Assaisonnez avec de l'huite vierge extra de saison.

Produits

Huile d'olive vierge extra San Guiliano
Huile d'olive vierge extra San Giuliano Fruttato

Crème d'olive et crème d'artichaut

Légumes à l'huile d'olive

Frantoio di

SANT'AGATA D'ONEGLIA

Il Capolavoro et Oro Taggiasca

~~~~~~~~~

Les huiles d'olive vierges extra parfumées, les olives de table épicées et les appétissants bocaux de fromage Toma et de champignons Muschio à l'huile d'olive sont autant de succulents produits qui rivalisent de charme sur les rayonnages de la boutique de la société à Imperia.

La famille Mela vit et travaille à Sant'Agata d'Oneglia depuis des générations. Ses produits, de toutes sortes et de grande qualité, sont souvent primés. Les Mela font partie de la prestigieuse corporation des Mastri Oleari.

Le village de Sant'Agata est situé sur une colline qui domine le golfe d'Imperia, non loin des oliveraies plantées en terrasses. L'olive Taggiasca, petite et très parfumée, est la variété première ici comme dans les autres contrées de Ligurie.

La récolte dure de décembre à février. Le fruit est cueilli à la main ou avec des peignes, puis broyé artisanalement avec des meules Colombina datant de 1827. Il est ensuite légèrement pressé pour obtenir le mosto (le moût) pour l'huile Il Capolavoro, et normalement pressé pour l'huile Oro Taggiasca.

- *Sant'Agata, Imperia, Ligurie (Italie)*
- *10 400 litres au total*
- ★★★ *Première catégorie*
- *Non*
- *Oui, à la boutique d'Imperia*
~~~~~~~~~

L'huile Oro Taggiasco se caractérise par un fruité de pomme et d'amande, très léger, avec un arôme délicat. Elle est peu poivrée, ce qui la rend agréable aux amateurs d'huiles douces.

La société commercialise aussi une gamme de produits typiques de Ligurie, élaborés selon des recettes ancestrales.

PRODUITS

Huile d'olive vierge extra
Il Capolavoro

Huile d'olive vierge extra
Oro Taggiasca

Olives en saumure

Purée d'olives vertes
et noires

Pesto, Sauce verte de Ligurie,
Sauce aux avelines

Fromage Toma, légumes
et anchois à l'huile d'olive

Santi

Fondée en 1843 par Carlo Santi, la société vinicole Santi s'est considérablement développée, mais elle est restée fidèle aux traditions d'excellence et de qualité qui ont toujours été les siennes.

Les vignes et les oliveraies sont situées dans la superbe vallée de l'Illasti, sur les rives du lac de Garde. On y cultive des olives Casaliva, Favarol et Leccino, cueillies à la main entre novembre et février et pressées artisanalement.

L'huile d'olive vierge Santi possède un léger arôme d'herbe et une bonne saveur de fruit, avec des notes d'herbe coupée et de salade. Elle présente une forte nuance poivrée qui se commue en un arrière-goût suave, pour laisser une impression générale de douceur.

Légumes grillés

Préparez une marinade avec de l'huile d'olive vierge extra, de l'ail émincé, de la ciboulette, du persil et de la marjolaine, le tout finement haché, et un peu de jus de citron. Coupez des légumes en rondelles ou lamelles : aubergines, poivrons rouges et verts, champignons et jeunes oignons. Faites-les griller jusqu'à ce qu'ils soient un peu caramélisés. Disposez-les sur un plat et versez la marinade dessus. Laissez reposer.

Illasi, Vérone (Italie)

Non connue

★★★ *Excellente*

Oui

Oui, sur rendez-vous

SARTOS FRUTTATO INTENSO

Cette huile d'olive vierge extra a été la première de Sardaigne à se voir attribuer la plus haute distinction dans la catégorie Ercole Olivario Fruttato Intenso, en 1994 et en 1995.

Les olives utilisées pour la fabrication de cette huile viennent de Seneghe, sur la côte ouest de la Sardaigne, non loin du pied du Monti Ferru, là où celui-ci plonge abruptement dans la mer. La campagne, luxuriante dans cette région de Sardaigne, demeure presque inviolée.

Les oliveraies de la famille Cossedu, à Sartos, donnent des olives Bosana et Terza. Pour l'huile, le mélange inclut 70 % de Bosana et 30 % de Terza. Les fruits sont cueillis pendant la première semaine de novembre et pressés artisanalement.

L'huile Sartos Fruttato Intenso offre un arôme intense fruité et végétal, teinté de peau de tomate et de salade. Son parfum est très vert, avec une note de salade coupée et du poivre en abondance. L'arrière-goût évoque l'oseille douce-amère.

Senenghe, Oristano, Sardaigne (Italie)

19 700 litres

★★★ *Première catégorie*

Non

Oui, sur rendez-vous

Sasso

Depuis ses trois usines du sud de l'Italie, cette marque familiale est exportée dans plus de cinquante pays. Elle a été récemment rachetée par le groupe Nestlé.

La société Sasso, fondée en 1837 par Agostino Novaro, qui lui donna le nom de sa femme, se mit rapidement à prospérer, et commença à exporter peu de temps après sa création.

La société achète des olives à de nombreux oléiculteurs de la région des Pouilles. Les principales variétés sont les Semibitonto, les Bitonto et les Andria, mais les proportions du mélange restent secrètes. Les olives sont broyées et pressées de façon artisanale.

L'huile d'olive vierge extra Sasso possède un arôme doux et citronné, avec une touche de pomme. Sa saveur tend plus vers la noisette ; elle est légèrement à modérément poivrée.

Spaghetti à la mode de Ligurie

Faites cuire les pâtes jusqu'à ce qu'elles soient « al dente ». Égouttez et mélangez-les avec de l'huile d'olive vierge extra. Simultanément, faites bouillir des pommes de terre bien fermes. Coupez-les en tranches et mélangez-les aux pâtes. Ajoutez un bocal de pesto. Servez avec du parmesan juste râpé.

Région des Pouilles (Italie)

Non connue

★★ *Bonne*

Non

Oui, sur rendez-vous

Fattoria

SELVAPIANA

Jadis propriété des évêques de Florence, la Fattoria Selvapiana appartient à la famille Giuntini depuis 1827. Elle produit d'excellents vins, ainsi qu'une huile d'olive vierge extra de première catégorie.

La Fattoria Selvapiana est située dans la région de Chianti Rufino, au nord-est de Florence. La campagne s'est peu modifiée au cours des siècles et les olives y sont cultivées à la mode ancienne, entre les rangs de vigne. Environ 85 % des oliviers donnent des olives Frantoio ou Coreggiolo. Les autres sont des Moraiolo et des Leccino.

La récolte débute traditionnellement le 2 novembre, alors que les olives ne sont pas encore mûres. La cueillette s'effectue à la main, car les fruits se détachent difficilement des branches. Les olives sont ensuite pressées par centrifugation à froid.

L'huile dégage un léger arôme végétal. Sa saveur, dépourvue de toute agressivité, regorge d'olive fraîche teintée de noisette. Elle est poivrée sur la fin, mais l'arrière-goût est doux et raffiné. C'est une huile qui accompagne à merveille les légumes cuits à la vapeur, les soupes et les salades. Dans sa région d'origine, elle sert de sauce pour les crudités.

- *Rufina, Florence, Toscane (Italie)*
- *De 3 800 à 4 900 litres*
- ★★ *Extrêmement bonne*
- *Oui*
- *Oui*

Masi
SEREGO ALIGHIERI

Le domaine de Casal Dei Ronchi fut créé en 1353 par le fils du grand poète italien Dante Alighieri ; ses descendants l'occupent toujours aujourd'hui.

Banni de Florence, Dante vécut de nombreuses années à Vérone. Son fils aimait tellement la région qu'il décida d'acheter une propriété et de s'y installer. Six cents ans et vingt générations plus tard, ce domaine est toujours dans la famille.

Casal dei Ronchi est une exploitation ou l'on pratique des cultures variées : vignes, cerises, châtaignes et olives. Elle est située sur une petite colline près de Gargagnago di Valpolicella, non loin de Sant'Ambrogio, en Vénétie. La demeure principale comprend huit appartements qui sont loués à des touristes de passage dans la région. Elle est entourée de vignobles, de bois et de jardins.

Oliviers autour de la villa de Serego Alghieri, située en arrière-plan.

- *Gargagnago di Valpolicella, Vérone (Italie)*
- *4 900 litres*
- ★★ *Extrêmement bonne*
- *Oui*
- *Oui, sur rendez-vous*

Le comte Pieralvise Serego Alghieri près de ses Frantoio.

Quatre variétés d'olives différentes sont cultivées sur la propriété : les Leccino, les Grignano, les Frantoio et les Casaliva. Les fruits sont cueillis à la main vers la mi-novembre et broyés artisanalement. Après avoir extrait l'huile, on la laisse décanter naturellement, sans la filtrer.

Cette huile d'olive vierge extra, commercialisée exclusivement par la société vinicole Masi, possède un arôme de pomme chaude mélangé à de l'herbe coupée. Son parfum doux et délicat, qui regorge d'olive fraîche, est légèrement poivré en fond de bouche.

Pâtes et haricots

Émincez finement 1 oignon, 1 carotte, 1 gousse d'ail et 1 bâton de céleri, et faites-les revenir dans de l'huile d'olive vierge extra, jusqu'à ce qu'ils soient bien dorés. Ajoutez du romarin, 3 tomates, pelées et coupées en morceaux, et 300 g de haricots ou de fèves. Couvrez avec 30 cl de bouillon (ou de bouillon mélangé à du vin), portez à ébullition. Faites cuire à feu moyen pendant 10 à 15 minutes, jusqu'à ce que la sauce épaississe. Pendant ce temps, faites cuire 250 g de pâtes. Mélangez avec la sauce et servez immédiatement.

Elais

SOLON

Cette huile d'olive vierge extra grecque est aussi simple qu'agréable. La société qui la produit fait maintenant partie d'un grand conglomérat international.

Cette huile est une des huiles de marque produite par Elais, le plus grand producteur d'huile d'olive grec. La société, basée près du Pirée, appartient maintenant au groupe Unilever. Son équipement ultramoderne sert en grande partie à l'élaboration d'huiles et de graisses de grande consommation, mais la marque Solon vierge extra est là pour rappeler la réputation de l'entreprise en matière de qualité.

L'huile Solon présente un arôme de foin coupé et de pelouse tondue, avec une touche de citron et, parfois, de tomate. Plus complexe que beaucoup d'autres huiles grecques, elle laisse sur le palais une note végétale prononcée, composée de salade et d'oseille amère. Achetez-la en début de saison pour apprécier au mieux son curieux parfum, à la fois doux et âpre.

Utilisez-la dans la salade grecque traditionnelle, avec les tomates, les concombres, les olives noires et la féta, ou bien sur du poisson grillé.

Neo Faliro, Le Pirée (Grèce)

De 18 000 à 20 000 tonnes

★★ *Très bonne*

Non

Oui, sur rendez-vous

Antico Frantoio da Olive

Sommariva Nuovo Mosto

Les olives Taggiasca, avec lesquelles on fabrique cette huile d'olive vierge extra lauréate de plusieurs prix, sont broyées dans un moulin datant du XVIe siècle.

Le moulin Sommariva jouit d'une situation pittoresque, retranché derrière les remparts moyenâgeux du bourg d'Albenga, sur la côte de Ligurie, entre Imperia et Savone. Domenico Sommariva a acheté ce moulin il y a une trentaine d'années. Aidé de sa femme et de sa famille, il a développé cette affaire conjointement avec l'exploitation agricole familiale.

Le moulin, qui fonctionne de novembre à mars pour le triturage des olives, dispose d'une boutique proposant toute une gamme de produits locaux (dont certains proviennent de la ferme Sommariva), ainsi que d'un musée. Les deux sont ouverts toute l'année.

L'huile d'olive vierge extra Sommariva est issue d'olives Taggiasca (90 %) mais aussi Pignola et Colombaia (10 %). Les oliviers sont cultivés en terrasses dans les vallées proches de Lerrone et d'Arroscia. Les olives sont ramassées à la main ou au peigne. L'huile est extraite selon la méthode artisanale et par centrifugation, mais pour les meilleures huiles, comme la

- *Albenga, Ligurie (Italie)*
- *Non connue*
- ★★★ *Première catégorie*
- *Oui*
- *Oui*

Nuovo Mosto, on broie et on presse les olives au moulin, avec le matériel traditionnel.

Cette huile possède un agréable arôme d'herbe, de noisette et de pomme. Sa saveur est douce et plaisante, avec des notes similaires, mais elle peut aussi être teintée de noisette grillée ou même de chocolat. Elle est assez poivrée, avec un arrière-goût suave. C'est une huile très intéressante.

Pâtes aux brocolis

Faites bouillir 500 g de pâtes courtes et 500 g de brocolis dans de l'eau salée pendant environ 8 à 10 minutes, jusqu'à ce que les pâtes soient « al dente ». Faites revenir 1 gousse d'ail émincée, 2 petits piments épépinés et émincés ainsi que 50 g d'anchois dans 6 cuillerées à soupe d'huile d'olive vierge extra. Égouttez les pâtes et les brocolis, mélangez-les avec les piments et les anchois.

Produits

Huile d'olive vierge extra Sommariva Nuovo Mosto

Huile d'olive vierge extra Sommariva

Huiles d'olive aromatisées

Olives noires

Purées d'olives

Légumes à l'huile d'olive

B.R. Cohn/Olive Hill Company

Sonoma Estate

~~~~~~~~~

Cette huile d'olive vierge extra spéciale est issue d'olives Picholine, importées de France vers 1870. La production annuelle n'excède pas 200 à 300 caisses.

La variété d'olives Picholine est peu commune en Californie, mais elle a trouvé sa place sur la propriété de B.R. Cohn, au cœur de la Sonoma Valley. Le premier propriétaire avait planté des oliviers sur une colline, au milieu de la propriété, d'où son nom, Olive Hill.

Les oliveraies bénéficient d'un microclimat créé par des sources d'eau chaude souterraines ; la température ambiante est de 8° supérieure à celle des propriétés alentour. Les trois quarts environ des olives sont cueillies à pleine maturité pendant la deuxième quinzaine de novembre et la première semaine de décembre. Elles sont ensuite pressées par centrifugation à froid.

L'huile d'olive vierge extra Sonoma Estate est douce et légère, avec un arôme et un parfum fruités, délicatement teintés de noisette. Elle est un tout petit peu poivrée, ce qui renforce son intérêt.

Cette huile est produite et commercialisée par la Olive Hill Company, créée en 1992 par Bruce Cohn et son associé, Greg Reisinger.

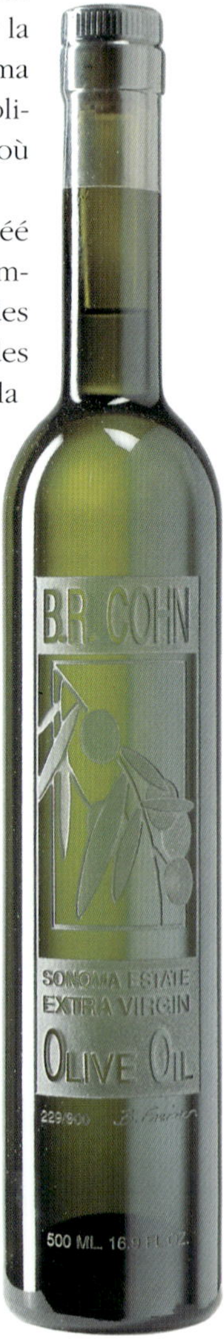

N *Glen Ellen, Sonoma, Californie (États-Unis)*

Très limitée

★★ *Très bonne*

Oui

Oui
~~~~~~~~~

SPECTRUM ORGANIC

La société Spectrum Naturals est basée en Californie, mais son huile d'olive vierge extra biologique vient d'Argentine.

Installée à Petaluma, la société Spectrum Naturals produit plus de cinquante huiles, vinaigres et condiments biologiques différents. L'huile d'olive biologique est issue d'olives Arbequina (80 %). Cette variété d'olives espagnoles donne généralement une huile au goût subtil de noisette : celle-ci ne fait pas exception.

L'huile d'olive vierge extra biologique Spectrum offre un agréable arôme de noisette, et un goût qui tend plus vers la noisette grillée. Peu poivrée, elle se prête donc à tous les usages.

Elle convient particulièrement bien aux salades et aux légumes cuits. Servez-la sur des asperges fraîches avec un jus de citron ou sur des filets de poisson frits.

Petaluma, Californie (États-Unis)

Non connue

Bonne

Non

Oui, sur rendez-vous

George Skoulikas Ltd

SUNITA ORGANIC

Fait inhabituel, cette huile d'olive vierge extra grecque est exclusivement issue d'olives Kalamata.

Cette huile est faite d'olives provenant des oliveraies de Mani, dans le Péloponnèse, cultivées selon les méthodes de l'agriculture biologique, donc sans engrais artificiel ni pesticides. Les olives sont broyées et pressées de façon artisanale.

L'huile, qui porte le label de garantie d'une association d'agriculture biologique réputée, présente un arôme rafraîchissant de pomme, avec des notes d'herbe et de citron. Son goût est riche et fruité, avec des touches d'herbe coupée et de cresson. Elle est peu poivrée au début, mais devient plus relevée en fond de bouche.

Cet importateur britannique vend aussi une gamme d'olives de table sous le même label.

PRODUITS

Huile d'olive vierge extra Sunita

Olives vertes et noires Sunita de Kalamata
Olives françaises Sunita marinées aux herbes
Olives espagnoles Sunita fourrées

Londres (Grande-Bretagne)

Non connue

★★ *Extrêmement bonne*

Non

Non

TENUTA DI SARAGANO

La Tenuta di Saragano appartient à la famille des comtes de Pongelli depuis le XVe siècle. Le domaine a toujours produit une huile d'olive vierge extra de première catégorie.

Saragano est située dans les montagnes escarpées de l'Ombrie, à Guardo Gattaneo, dans la province de Pérouse. Les oliveraies donnent des olives Frantoio, Moraiolo et Leccino. Les Frantoio représentent 60 % du mélange. Les fruits sont broyés et pressés de manière artisanale.

Lorsqu'elle vient d'être pressée, l'huile d'olive vierge extra Tenuta di Saragano offre un arôme de pomme et de salade coupée. Elle possède un parfum de fruit et de salade douce-amère qui s'intensifie avec le temps et prend une saveur de noisette, proche du chocolat. Elle est toujours assez poivrée, avec un arrière-goût doux et fruité.

C'est une huile fort intéressante, qui gagne à vieillir un peu. Servez-la avec la « ciriole ternana » locale ou des tagliatelles aux œufs, avec de l'ail en morceaux ou des truffes. Elle est excellente pour assaisonner les salades amères ou les légumes cuits tels que le fenouil.

Saragano, Gualdo Gattaneo, Ombrie (Italie)

9 300 litres

★★★ *Première catégorie*

Non

Sur rendez-vous seulement

Lorenzo e Luigi Di Gandolfo

TORNATORE

L'histoire de cette huile d'olive vierge extra au délicat goût de noisette remonte à 1700, à l'époque où Alessandro Gandolfo, fondateur de la société, acheta les oliveraies d'Olivastri in Liguria aux moines bénédictins.

Ce sont les moines, paraît-il, qui ont introduit les olives Taggiasca en Ligurie. Ils plantèrent les oliviers sur des parcelles en terrasses, délimitées par des murets construits à la main. Cette configuration permet un bon drainage du sol et une meilleure rentabilité.

Olivastri se niche, à l'abri du vent, dans les montagnes qui surplombent Imperia. Cette situation en altitude protège les plantations de la mouche de l'olive. Malgré un sol médiocre et un faible rendement, l'huile est lauréate de nombreux prix.

On ne cultive que des olives Taggiasca, et la récolte produit à la fois des olives de table et de l'huile d'olive. Dans ces oliveraies à étages, on ne peut pratiquer que la cueillette manuelle ; celle-ci a lieu entre décembre et avril. L'huile, extraite selon des procédés artisanaux, n'est pas filtrée.

Chiusavecchia, Imperia, Ligurie (Italie)

3 800 litres

★★ *Extrêmement bonne*

Non

Oui, sur rendez-vous

Elle dégage un arôme agréablement rafraîchissant de citron et de noisette. Elle est douce et légère, avec une touche végétale de noisette ou plus affirmée. Cette huile légèrement à moyennement poivrée est succulente, versée en filet sur les coquillages grillés au feu de bois, tels que les gambas ou les coquilles Saint-Jacques.

Produits

Huile d'olive vierge extra Tornatore

Huile d'olive vierge extra biologique Canto

Huile d'olive vierge extra biologique Fascelunghe

Huile d'olive vierge extra biologique Olivastri

Huile aux truffes

Huiles d'olive parfumées

Olives Taggiasca

Purée d'olives et pesto

Filets d'anchois et tomates séchées à l'huile d'olive

Umani Ronchi

Casal di Serra

Pour la très réputée société vinicole Umani Ronchi, la production de cette huile d'olive vierge extra au caractère particulier est une activité mineure.

La société, achetée en 1960 par la famille Bianchi-Bernetti, possède 125 hectares de vignes dans la région vinicole de Verdicchio dei Castelli di Jesi Classico, au centre de l'Italie. Les oliveraies sont dans les alentours de trois villages d'Ancône.

L'extraction de l'huile se fait selon la méthode traditionnelle, à partir d'un mélange d'olives Frantoio et Leccino qui sont cueillies à la main vers la mi-novembre. Cette huile douce possède un arôme et un parfum de noisette, avec une touche insolite de bacon ou de jambon fumé. Elle n'est pas très poivrée. Il est difficile de rester insensible à cette huile caractéristique : on l'aime, soit on la déteste !

Avec son caractère terreux, cette huile est parfaitement appropriée à la cuisson des truffes. Faites chauffer de toutes petites lamelles de truffe dans l'huile, sans les faire frire. Nappez-les d'une de vos sauces préférées. L'huile adoucit le merveilleux parfum des truffes.

San Paolo di Jesi, Ancône, Marches (Italie)

4 500 litres

★★ *Extrêmement bonne*

Oui

Oui, sur rendez-vous

Tenuta di

Valgiano

On dit souvent que Lucques (Lucca) produit les meilleures huiles d'olive vierges extra. Celle-ci est douce et dénuée d'agressivité, à l'image du paysage environnant.

C'est peut-être le pourcentage élevé (environ 40 %) de variétés d'olives locales, telles que les S. Agostino, S. Caterina et Ovo di Acione, qui donne à cette huile son caractère fleuri, végétal. Les 60 % restants se composent des variétés habituelles de Toscane : les Leccino, Moraiolo et Frantoio.

La Tenuta di Valgiano est située près du village de Valgiano, à une vingtaine de kilomètres au nord-ouest de Lucques. Les oliveraies sont plantées sur les versants orientés au sud, entre 150 et 250 mètres d'altitude. La cueillette commence début novembre et se poursuit jusqu'à la mi-décembre. Les olives sont broyées au moyen de meules en pierre ; la pâte pressurée par centrifugation à froid.

Cette huile a remporté une médaille d'argent au concours « Premio Olio Toscano » 1995. Elle présente un arôme feuillu, d'artichaut, d'amande avec une touche de chocolat. Son parfum est agréablement riche, abondamment fruité et modérément poivré. Elle offre un subtil arrière-goût de noisette.

- *Valgiano, Lucca, Toscane (Italie)*
- *2 450 litres*
- ★★★ *Excellente*
- *Oui*
- *Oui, sur rendez-vous*

YBARRA

Cette huile d'olive vierge extra de consommation courante de bonne qualité est commercialisée par un des plus grands producteurs espagnols.

La société Ybarra, créée en 1846 par José Maria de Ybarra, et basée à Séville, s'est agrandie et a fortement accru ses compétences techniques. Son huile d'olive vierge extra, douce et fruitée, est garantie exclusivement andalouse.

L'huile d'olive vierge extra Ybarra dégage un arôme puissant d'olive citronnée, avec une touche de melon. Elle est assez chargée, moyennement poivrée, mais agréablement douce en fond de bouche. Elle convient à tout type de cuisine.

Utilisez-la pour les spécialités espagnoles telles que la paëlla ou le gazpacho, ou bien dans les sauces de salade et les marinades.

SAUCE DE SALADE AU SALPICON

Hachez un petit oignon ou une échalote, 6 pickles (variantes), 2 cuillerées à soupe de persil et une cuillerée à café de câpres. Mélangez bien. Dans un autre récipient, mélangez 12 cl d'huile d'olive vierge extra avec 5 cl de vinaigre de vin. Incorporez les légumes hachés ainsi qu'un œuf dur. Avec cette sauce, garnissez la salade de votre choix.

Séville, Andalousie (Espagne)

Non connue

Bonne

Non

Non

INDEX